© 2025 Marià Corbí
© Conèixer des del silenci

Traducció al català i notes: Pere Casacuberta

ISBN Libro en papel: 978-84-685-8919-0
ISBN eBook en PDF: 978-84-685-8920-6
Dipòsit Legal: B 11751-2025

Impreso en España
Editado por Bubok Publishing S.L

Si voleu llegir aquest llibre, feu-ho lentament, perquè no és un llibre d'informació sinó de meditació.

Si es medita amb deteniment el que diuen els textos teistes i no-teistes, podrà apreciar-se la seva profunda unitat i com unes formes tan diverses d'expressió s'enriqueixen mútuament.

M.C.

Índex

Presentació

La nova societat d'innovació i de canvi continu és una societat que viu de la creació de coneixements; de la creació i innovació científica i tecnològica.

La nova societat podem definir-la com una societat de coneixement, perquè viu del coneixement.

La societat que viu de la creació de coneixements és una societat dinàmica en la qual tot es mou:

— es mou contínuament la interpretació de la realitat en tots els seus nivells;

— amb aquest moviment de les ciències, es mouen les tecnologies de producció i, amb elles, el treball i la seva organització;

— amb el moviment de l'organització de la producció, es mouen les estructures de la societat i, per conseqüent, es mouen els seus sistemes de relacions, els seus valors i les seves finalitats.

La societat de coneixement és una societat mòbil en la qual tot es crea contínuament.

Resulta important haver descobert i comprovat que el que ofereixen a la nova societat de coneixement totes les tradicions religioses de la història és coneixement, però un nivell de coneixement que no frena, ni fixa, ni discuteix, la interpretació canviant de la realitat de les ciències, ni discuteix, fixa o entra en competició amb els sistemes de relacions humanes, amb les institucions, amb els valors i finalitats que la nova societat pugui crear.

El coneixement que ofereixen les tradicions religioses és dinamisme, procés. És un dinamisme i un procés que no trava el de la nova societat industrial, perquè no pretén imposar-li res.

L'oferiment de les religions és un oferiment de coneixement i de commoció, vibració i valor enfront de tota la realitat; que no discuteix, ni disputa, ni imposa, cap destí a l'espècie humana, cap interpretació de la realitat, cap sistema de valors o de vida. No va en contra de la llibertat i responsabilitat total amb què hem d'assumir el nostre destí, sinó que, per contra, allibera de tota subjecció, promou tot interès i introdueix i aferma una modalitat de procés que usa formes sense lligar-se a elles; que crea institucions i és lliure d'elles; que crea valors, però els refà i recrea quan convé.

Es tracta d'un procés de coneixement que usa formes, però que les transcendeix; una certesa que no depèn d'aquestes formes o d'aquelles; un interès total i una llibertat total alhora; es tracta d'una altra dimensió del conèixer i el valorar, com una unitat; que és silenciosa, perquè té força, pes, consistència, vibració i calor per damunt, per sota i en les formes que usa, sense que aquesta consistència, certesa, pes, força i valor li vinguin de les formes que usa.

En la nova societat hem de construir totes les formes de la nostra existència, tots els traços del nostre destí i, amb el nostre destí, del destí de totes les espècies vivents i de la mateixa terra. Ara ja sabem que la naturalesa no té fixada una marxa infal·lible de progrés a la qual puguem sotmetre'ns. Sabem també que res assegura que el procés de les nostres ciències i tècniques, la seva complexitat i poder creixent, sigui per a bé i no per a mal.

Sabem que no disposem de cap sistema de vida, de cap mode de finalitats i valors individuals i col·lectius baixat del cel o lliurat pels déus. El nostre destí és a les nostres mans, i només en elles.

Les ciències que posseïm són instrument perquè construïm aquest destí, però són mudes respecte al tipus de destí que hem de construir.

En aquesta construcció ens va la supervivència com a espècie i la supervivència de tota la vida del nostre planeta.

En aquesta situació, ens trobem que les tradicions religioses fan una oferta enormement subtil i inesperada, però adequada a la nostra necessitat: ens ofereixen qualitat per discernir, ens conviden a un procés de refinament que acaba en un coneixement admirat, perplex, respectuós, reverent amb tot el que existeix; coneixement que és inseparable d'una actitud d'interès total, incondicional, per tot el que existeix; interès que no és d'ús, sinó amor apassionat i gratuït.

No hem de jutjar l'oferta de les tradicions religioses a la nostra situació cultural per la utilitat que pugui tenir per resoldre problemes. L'oferta de les tradicions religioses ha de valer per si mateixa, o no val en absolut, de manera semblant a com l'oferta de la bellesa ha de valer per si mateixa i no per la utilitat que pugui tenir per a la vida pràctica.

Cal evitar tota actitud utilitària pel que fa a l'oferta de les religions; en cas contrari, cauríem en vells vicis les conseqüències catastròfiques dels quals —especialment per a una societat de coneixement i mòbil—coneixem prou.

No obstant això, que les tradicions ofereixin coneixement és rellevant per a una societat que viu del coneixement; que ofereixin procés és pertinent per a una societat d'innovació i mòbil; que ofereixin llibertat de tota forma és pertinent per a una societat que ha de crear contínuament totes les seves formes de comprensió, valoració i vida; que ofereixin unes dimensions de lucidesa, interès i amor per tot el que existeix és pertinent per als qui han de construir-se el seu propi destí i han de ser gestors del destí de tot el que viu i existeix sobre la terra.

Tant de bo que la nova societat presti suficient atenció a l'oferta profunda de totes les tradicions religioses de la història humana; si ho fem, potser podem adquirir qualitat humana i discerniment per controlar adequadament el nostre potent instrumental científic i tecnològic; si ho fem, potser tenim més garanties de supervivència i de qualitat de vida; si ho fem, potser evitem que les ciències i tecnologies funcionin soles o guiades per les ànsies de domini i de poder, per l'egoisme de grups o països, o per la neciesa col·lectiva.

El que hem pretès amb aquest escrit és reunir una selecció de textos, pertanyents a les diverses tradicions; textos que parlen de l'oferiment de coneixement que fan les tradicions, mostrant els diversos aspectes que abasta aquest subtil oferiment.

Sobre cadascun dels molts aspectes d'aquest peculiar coneixement adduïm abundants testimoniatges que parlen del mateix, però ho fan des de perspectives i tradicions culturals i religioses molt diverses.

Cadascun dels textos convida a ser meditat fins a arribar a comprendre de què està parlant.

Tots els textos parlen d'«el subtil del subtil» i, també, de com intentar «subtilitzar-se» per a poder percebre això subtil.

Es tracta d'assolir un coneixement; però no és qüestió de conceptualitzar, sinó d'«intuir» de què es parla, d'arribar a sentir; es tracta d'introduir-se realment en un coneixement del qual l'expressió més adequada és la perplexitat, la tendresa i el silenci.

Tenint en compte aquest caràcter subtil del coneixement al què estem apuntant, resulta útil reunir textos que forcin a mirar un mateix aspecte des d'aparells d'expressió cultural, simbòlica, mitològica... completament diversos, quan no oposats.

Les explicacions que afegeixo —les menys possibles— es limiten a intentar fer comprensibles els textos quan semblen, per falta de context, especialment difícils o enigmàtics.

Potser, si es fa l'esforç de considerar detingudament i amb calma cadascun dels textos, potser aquests podran complir la seva tasca: conduir eficaçment a una lucidesa nova i sempre creixent, lucidesa vibrant i silenciosa davant tot el que hi ha.

Introducció

El coneixement silenciós és el coneixement central de la condició humana: això és el que afirmen tots els grans Mestres de saviesa de la història. És un coneixement, a més, que hem de conrear convenientment—a nivell individual i a nivell col·lectiu—per poder disposar de discerniment i d'una guia eficaç per a les nostres construccions científiques, tecnològiques, organitzatives i axiològiques. Convindrà, per tant, que estudiem detalladament quins són els trets propis d'aquest coneixement i com s'hi accedeix.

La nostra facultat cognoscitiva abasta dos aspectes: el coneixement que es tradueix en paraules i el coneixement silenciós. Se sol considerar únicament «coneixement» aquell que neix de paraules, s'acompanya de i es resol en paraules. Més encara: a vegades només es considera autèntic coneixement el coneixement conceptual. Fins i tot el coneixement simbòlic, que és també un coneixement amb paraules —encara que no conceptual—, se'l considera poc evolucionat, de segon ordre, pràcticament sense importància... I si s'arriba a admetre, en algun moment, l'existència d'un coneixement silenciós, en tot cas se'l considera un fet excepcional, marginal, paranormal i, per descomptat, no representatiu ni significatiu del que és la facultat cognoscitiva humana.

El coneixement és un instrument d'una espècie de vivents per sobreviure, però desborda, de fet, aquesta funció i entra en l'àmbit del que és gratuït, de la lucidesa pura. Com que la capacitat cognoscitiva humana entra de ple en aquest àmbit, cal fer justícia a aquest fet i no considerar-lo un fet marginal, de la mateixa manera que no és marginal la bellesa, la capacitat estètica humana. Els humans som lucidesa instrumental, però també lucidesa gratuïta.

A la societat actual li urgeix poder disposar del doble accés a la veritat: la veritat del coneixement que parteix de les paraules –en la nostra concreta cultura, la veritat de les ciències– i la veritat que brolla del silenci interior.

Aquest coneixement que neix del silenci no és concepte, paraula, representació... sinó intuïció o, millor, presència immediata, copresència, unitat lúcida amb allò que es coneix. No és una interpretació ni una representació de la realitat; ni és tampoc una resposta metafísica als enigmes de l'existència ni una formulació... És un coneixement lliure de pensaments i de paraules i que, per tant, no està encadenat als mecanismes de la raó. Brolla del misteri silenciós d'un mateix, que és el misteri del cosmos, i torna – sense paraules– a aquest mateix misteri. És un reconeixement que, produint-se en un mateix, transcendeix l'ego com a estructura de pensaments, com a estructura de desitjos, com a projecte i com a història; i, perquè transcendeix l'ego, és impersonal.

No és un coneixement irracional ni contra la raó. Al contrari: el coneixement racional neix en el seu si i és preparat per ell. El coneixement silenciós pot ser guia sense paraules per a la raó; però la raó no és guia suficient per al coneixement silenciós, que no és un coneixement de representació, sinó de presència.

Els experts en aquesta mena de coneixement —els mestres del coneixement silenciós— són els Mestres de saviesa. El camí que ofereixen és el d'un procés interior, el qual és també percepció exterior; és un procés de coneixement amb tot l'ésser, no de coneixement amb la mera raó. Aquest coneixement amb la totalitat d'un mateix no és representació del que es coneix, sinó lucidesa en la seva presència: lucidesa que és copresència, unió i vibració. El que es coneix és «això subtil d'aquí» que tot ho omple i no es lliga a res; que tot ho penetra, tot ho transcendeix i és lliure de tot.

El que ens interessa dels ensenyaments dels Mestres de saviesa és allò que ens pot conduir a aquest coneixement silenciós, no els diversos aparells conceptuals i simbòlics que es veuen forçats a utilitzar per parlar-ne, segons els àmbits culturals en què es moguin.

Haurem d'esforçar-nos per comprendre el món de les formulacions dels Mestres, encara que només sigui per poder comprendre el que diuen d'un conèixer que transcendeix tota formulació. Utilitzarem el seu món simbòlic i les seves doctrines com a instruments que condueixen més enllà d'ells mateixos.

També haurem d'aprendre a llegir-los des del si del silenci, perquè ens condueixin al coneixement silenciós. Només llegint-los des del si del silenci, per tal de ser conduïts a la seva profunditat de la lucidesa, ens deslliurarem del risc d'interpretar el que diuen els Mestres com una doctrina a creure, com uns quadres de formulacions en els quals cal detenir-se per accedir a la veritat.

L'estudi que emprenem del que diuen els Mestres de saviesa el fem perquè ells ens condueixin al que jo anomenaria una «concepció antropològica completa» i una «concepció completa de la societat».

Aquesta antropologia i aquesta sociologia completes ens mostraran a l'ésser humà com a un ésser essencialment cognoscitiu dotat d'una doble dimensió:

—una dimensió de testimoni lliure i fluid del misteri i de la profunditat gratuïta d'«això d'aquí» que també nosaltres som (aquesta és la dimensió essencial i forta);

—i una altra dimensió constructora de mons dels quals l'espècie humana, com a espècie necessitada, pugui viure. Aquesta dimensió constructora s'entronca i flueix de la dimensió de testimoni, la qual no és un accident extraordinari i aleatori de la dimensió constructora.

La relació de les dues dimensions humanes és important, perquè de la seva correcta comprensió i pràctica pot dependre'n l'orientació que donem a les nostres construccions. I aquestes construccions —les científiques, les tecnològiques, les organitzatives i les axiològiques— determinaran, en el futur, el destí de la nostra espècie —al servei de la vida o de la destrucció i la mort—, el destí de tots els éssers vivents i el destí mateix del nostre planeta.

1

L'ésser humà és un ésser indagador, un ésser cognoscitiu, un ésser que aprèn

Diu Valmiki[1] que els qui estan insatisfets, els qui tenen set de coneixements i busquen la Veritat, són anomenats, amb tota raó, éssers humans; i que tots els altres no són més que necis. I aquesta actitud de recerca no val només per una època de la vida, sinó que s'ha d'estendre tot el llarg de la vida sobre la terra.

Diu Attar[2]: «Si t'atures, et petrifiques, o bé mors i et tornes cadàver. Si continues caminant i sempre avances en la teva carrera, sentiràs aquest crit fins a l'eternitat: "Avança més!"».

Ser humà és caminar cap al coneixement i aquest camí no pot tenir fi.

L'ésser humà és enterament coneixement. Aquesta afirmació veurem que cal prendre-la amb absoluta radicalitat. Diu Rumi[3] que l'ànima és enterament coneixement i que qui manca de coneixement manca d'ànima.

«Quan hi ha absència de coneixement en la naturalesa d'un ésser humà, la seva ànima és com una pedra a la plana». La recerca que defineix l'humà com a tal, que és el camí cap a la veritat, és un camí i una recerca que es fa amb tot l'ésser, amb la raó, amb tot el cos i amb facultats que neixen al mateix temps que es fa el camí.

La Veritat que s'indaga és, alhora, la veritat humana i la Veritat més enllà de tota mesura humana.

---

1 VALMIKI, *El mundo está en el alma*, p. 33.
2 ATTAR, *El lenguaje de los pájaros*, p. 239.
3 RUMI, *El Masnavi*, p. 230.

L'ésser humà és recerca, i recerca d'una veritat sense mesura. Aquesta indagació és la que dota d'humanitat a l'ésser humà, i ho fa sense mesura. La naturalesa humana i el seu destí és aprendre, i aprendre sense límit. Si deixa d'aprendre, comença a deixar de ser tal. Si l'humà no és un suprem esforç cap a la comprensió de la totalitat del misteri de l'existència, no és humà; com més intens, continuat i apassionat és el seu esforç per submergir-se en la complexitat, profunditat i inabastabilitat de la veritat, tant més humà és.

Els Mestres de saviesa diuen que ser humà és tendir amb tot l'ésser cap al coneixement; i és un tendir que ha de ser de tal profunditat i intensitat que es porti a nivells no humans, amb poders cognoscitius més que humans. Ser humà és anar sempre i sense fi més enllà de si mateix amb el coneixement; i és la totalitat de l'ésser humà la que coneix. Tot el seu ésser és conèixer. Aquesta és la clau de la comprensió humana.

«La nostra sort és aprendre i ser llançats a mons nous, inconcebibles»[4]. El nostre destí com a humans és aprendre, per a bé o per a mal[5].

La condició humana està dirigida per la ment, diu la tradició budista, està feta de ment[6]. Las creacions de la nostra ment dirigeixen la nostra sort com a humans.

Diu Rumi: «Oh germà!, ets completament pensament, perquè la resta de tu no és més que ossos i músculs. Si el teu pensament és una rosa, ets un ram de roses; si és una espina, ets per a la combustió del foc»[7].

De la mateixa manera que la llum blanca, passant pel prisma, es descompon en els set colors fonamentals, el nostre ésser cognoscitiu es descompon en nosaltres donant lloc a una suma diversificada de funcions psíquiques: percepció, sensibilitat, coneixement, amor,

4 CASTANEDA, C., *Una realidad aparte*, p. 177.

5 *Ibid.*, p. 100.

6 DHAMMAPADA (1, 1), p. 107.

7 VITRAY-MEYEROVITH, E., *Mystique et poésie en Islam*, p. 103.

imaginació, voluntat, etc.; però tot això són aspectes diferents del nostre ésser cognoscitiu.

El nucli del nostre ésser és percebre, prendre consciència. La diversitat de les nostres funcions psíquiques arrenca d'aquest únic nucli. Amb aquest centre de poder, ens situem i posem ordre en la captació del món de la nostra vida quotidiana i percebem i prenem consciència, ens endinsem en dimensions sorprenents i inconcebibles. Percebem i prenem consciència d'un món que ens l'hem fet familiar, que hem domesticat, i d'un món tempestuós que escapa per complet al nostre control[8].

L'ésser humà no és cos, és ull. No només la ment comprèn i veu, també el cos i tots els aspectes de l'ésser humà són veure i comprendre. I el que veu aquest humà-ull arriba fins al misteri inconcebible; i quan arriba l'ull a veure aquest límit, l'ull mateix es fa límit i passa el límit.[9]

Diu l'indi Don Juan: «...som éssers lluminosos. Som éssers que percebem. Som una consciència, no som objectes, no tenim solidesa. Som sense llaços. El món dels objectes i de les coses sòlides no és més que una manera de facilitar el nostre pas per la terra. No és més que una descripció creada per ajudar-nos»[10]. Som ull, lucidesa, des de la base del nostre cos fins a la punta més esmolada del nostre esperit.

Som lucidesa i coneixement des de la base de les nostres sensacions i sentiments més foscos fins als cims més alts de la nostra capacitat d'amor i coneixement. Tenim capacitats cognoscitives, que no coneixem, pels dos extrems del nostre ésser: per la nostra profunda i fosca base —el nostre abisme fosc, però coneixedor— i per la nostra cúspide inimaginable —el nostre abisme lluminós—.

Amb la raó i la seva companya, la paraula, inventem i mantenim un món construït i sustentat en la mesura de la nostra necessitat. El creem amb una descripció i el mantenim amb unes regles dogmàtiques

---

8 CASTANEDA, C., *El segundo anillo de poder*, p. 269-270.
9 VITRAY-MEYEROVITH, E., *Mystique et poésie en Islam*, p. 106.
10 CASTANEDA, C., *Histoires de pouvoir*, p. 96.

i inviolables que aprenem a acceptar i defensar[11]. Només si ens mirem des del si d'aquesta construcció nostra, som sòlids i el món que ens hem construït és igualment sòlid i ple d'objectes. Però som més que la nostra construcció, perquè som fluids, com el vi, que pot adaptar-se a tota mena de copes, perquè no n'és la forma.

Som lluminosos. Som capaços de coses extraordinàries, perquè nosaltres mateixos som els constructors de l'ordinari.

Som constructors. Som els constructors del món i de nosaltres mateixos. Però no és això el que ens defineix. El que ens defineix és que som «testimonis sense prejudicis» per descobrir i entendre el misteri que som»[12].

Hem vist que el nostre ésser i el nostre destí és conèixer. El nostre destí no és construir mons i projectes de nosaltres mateixos. El nostre destí és construir mons, projectes i realitzacions de nosaltres mateixos per conèixer, per indagar, per arribar a ser plenament lúcids «testimonis imparcials» del misteri que tot és i nosaltres som.

Diu Shankara que no hem d'identificar-nos amb el nostre cos, amb la nostra ment o amb el nostre ego. El nostre cos, la nostra ment i el nostre ego són instruments per moure'ns en el món i indagar fins que arribem a descobrir que som pur coneixement, testimonis sorpresos del misteri que percebem amb el nostre cos, la nostra ment i el nostre ego, i a uns nivells que escapen a tota definició.

Per a la tradició índia, la naturalesa humana, en la seva profunditat, és *sat-chit-ananda*, és a dir, ésser-consciència-felicitat[13]. El seu ésser és lucidesa, i ser aquesta lucidesa és la seva felicitat. Ser una consciència-testimoni és el que la defineix, i arribar a ser aquesta consciència-testimoni és el que constitueix la seva beatitud.

---

11 *Ibid.* p. 96-97.
12 CASTANEDA, C., *El fuego interno*, p. 180.
13 SHANKARACHÁRYA, *Hymnes et chants védantiques*, p. 60-61.

2
Les actituds que es requereixen per aprendre

Decir qDir que l'ésser humà és coneixement és dir que és un camí sense fi al coneixement, la qual cosa equival a dir que l'ésser humà és aprendre, un aprenentatge sense fi.

Les tradicions religioses no diuen que l'ésser humà sigui un aprenent de constructor de mons. Aquest aprenentatge, que també ha de fer-se, es duu a terme en un context molt més ampli, més gratuït i més creador: ha d'aprendre, primer de tot, a ser testimoni imparcial del misteri sense fi de l'existència. Quan aprèn a construir-se un món a la mesura de la seva necessitat, ha de fer-ho en funció del que és el seu destí radical: arribar a ser un testimoni.

Hi ha unes actituds i uns convenciments que són previs a tot radical aprenentatge:

Cal partir del convenciment que hi ha més, molt més del que jo crec que hi ha.

Cal pensar que «hi ha altres paraules i altres savieses, millors i superiors, que no conec» (Rumi)[14].

El que veig és el que veu la meva necessitat; però el món, el que existeix, no està tallat pel patró de la meva necessitat. El patró de la meva necessitat és només el patró d'un àtom en els mons infinits.

Insistim a intentar explicar-nos-ho tot i ens obstinem a no considerar com a real més que el que ens podem explicar. El que existeix no està fet seguint les mesures dels nostres conceptes, dels nostres «calaixos» mentals. «Alguna vegada se t'ha ocorregut pensar

---

14 RUMI, *Fihi-ma-Fihi*, p. 101.

que, en aquest món, només unes quantes coses poden explicar-se a la teva manera?»[15].

És més: posseïm i hem de despertar una capacitat de conèixer que és real i profunda i que no consisteix a explicar-se les coses.

Quan emprenem la tasca sense fi d'aprendre, si volem que el nostre aprendre sigui correcte, haurà de partir d'aquests convenciments.

No obstant això, no seria possible enrolar-se en una aventura d'aquestes dimensions si manca la fe en el poder del coneixement. La tradició índia[16] diu que el coneixement és poder, el poder més gran de la terra. Res hi ha més poderós que el coneixement. I el poder del coneixement, amb el qual hem de comptar, resideix en nosaltres i, sense quedar fora del nostre jo, ve d'unes profunditats sense fi. El poder interior del nostre coneixement, si aprenem a obrir-li via, no té límit, com la nostra tasca.

Al coneixement s´hi va com a la guerra, diu l'indi don Juan: amb por, amb respecte i amb absoluta confiança en si mateix[17].

L'absoluta confiança en si mateix ha d'anar acompanyada de completa humilitat. Per anar al coneixement cal aniquilar l'orgull i apurar la copa de la humilitat fins el ressol[18].

Equipat amb la completa humilitat i amb la completa confiança en si mateix, haurà d'esforçar-se per «redreçar la seva ment, que és vacil·lant i inestable, difícil de retenir, difícil de refrenar, com qui fa fletxes redreça una fletxa»[19].

La cerca del coneixement és una cerca sense fi. La vida sencera ha d'estar organitzada amb estratègia per aconseguir el coneixement.

---

15 CASTANEDA, C., *Una realidad aparte,* p. 170.

16 VALMIKI, El mundo está en el alma, p. 160.

17 CASTANEDA, C., *Una realidad aparte*, p . 102-103.

18 SUZUKI, D. T., *Introducción al budismo zen*, p. 183.

19 DHAMMAPADA (III.33), p. 120.

El que es persegueix és el misteri del que hi ha, no el significat de la vida humana. «A un guerrer no li importen els significats»[20], i l'ésser humà és un guerrer que lluita a mort pel coneixement. Totes les capacitats humanes i tot el seu temps han d'intervenir en aquesta batalla, perquè s'hi juga o una victòria total o una total derrota: o guanyar el coneixement, i amb ell aconseguir-ho tot, o perdre el coneixement, i d'aquesta manera quedar-se sense res.

Els Mestres diuen que aprendre és la tasca més bella que se'ns presenta, però també la més difícil. No hi ha un camí fàcil per aprendre. El que s'aprèn no és mai el que un esperava. El que s'esperava del coneixement condueix a un atzucac; les idees que se'n tenien, s'enfonsen en el no-res. Llavors sorgeix la por, una por que creix i toca totes les nostres facultats. La batalla pel coneixement ha de vèncer la por.

El que s'ha entès per -o s'ha anomenat- *religió* és coneixement. La recerca d'aquest coneixement és una indagació lliure que condueix a la completa llibertat. [21]

A les escriptures budistes hi ha un text, famós dins la història de les religions, que expressa, millor que cap altre, l'esperit de la lliure indagació en les tradicions:

«Sí, Kâlâma, és just que dubteu i que estigueu perplexos, perquè el dubte s'aixeca en una qüestió que és dubtosa. Ara, escolteu, Kâlâma, no us guieu per relacions, per la tradició o pel que heu sentit dir. No us deixeu guiar per l'autoritat dels textos religiosos, ni per la simple lògica o la inferència, ni per les aparences, ni pel plaer d'especular sobre opinions, ni per versemblances possibles, ni pel pensament "és el nostre Mestre". Sinó que, Kâlâma, quan sapigueu per vosaltres mateixos que unes certes coses són desfavorables, falses i dolentes, llavors, renuncieu-hi... I quan per vosaltres mateixos sapigueu que

---

20 CASTANEDA, C., *Una realidad aparte* , p. 209.
21 Parlarem de què entenem per religió en el capítol 18.

unes certes coses són favorables i bones, llavors accepteu-les i seguiu-les»[22]

El Buda no defensa que no es llegeixin les escriptures, que no s'escolti els Mestres o que no es tingui en compte la tradició; el Buda només alerta perquè ningú confongui arribar al coneixement amb acceptar el que algú altre diu.

En la cerca del coneixement, es pot ser guiat, però aconseguir-ho no és submissió. Aconseguir el coneixement és veure per si mateix, directament. No es pot veure per si mateix el coneixement si no s'hi va lliurement, si no és un mateix qui busca, sense lligams, amb total despreniment per tal de poder-se submergir totalment en el coneixement.

Els dogmes religiosos són guies, no patrons de submissió. Els dogmes exclouen el dubte que paralitza la recerca, no el dubte que condueix a indagar per si mateix.

El Buda va dir als *bhikkhus* ("monjos") que un deixeble hauria d'examinar fins i tot al *Tathagata* mateix ("el Buda"), de manera que pogués arribar a estar completament convençut del valor veritable del Mestre.

El que cal conèixer no tem l'anàlisi, la indagació detallada, sense concessions, lliure i total. Per contra, com més profunda, dura i total sigui la indagació que es fa sobre el que és, més resplendeix, més s'obre, més es demostra la plena veritat del que és.

La religió fa del dubte el major dels pecats quan confon la veritat del que és amb el que és la nostra pobra expressió del que hem entès.

Quan algú indaga per aconseguir el coneixement, no posa cap cap per damunt del seu, encara que busqui alguna persona més sàvia que guïi la seva indagació fins a poder-se guiar per si mateix. Cal seguir el Mestre extern per descobrir el mestre intern.

---

22 RAHULA, W., *L'enseignement du Bouddha*, p. 21.

El Mestre extern no sotmet, no destrueix la indagació lliure, perquè la seva funció és despertar la consciència al guiatge del Mestre intern. Només quan s'ha aconseguit discernir el Mestre intern pot buscar-se eficaçment el coneixement i, aleshores , ja no hi ha cap cap per damunt del propi.

Aquesta actitud no és supèrbia, sinó humilitat summa, perquè és la completa escolta a la guia nua de seguretats.

El nu seguiment del guia interior és la lliure indagació del coneixement.

Exposarem ara breument algunes de les actituds bàsiques que es requereixen per anar al coneixement. El primer precepte de la regla és anar al coneixement amb el convenciment que tot el que ens envolta és un misteri insondable.

El segon precepte de la regla és el convenciment que la nostra tasca és desxifrar aquests misteris, però sense tenir la menor esperança d'aconseguir-ho.

L'ésser humà conscient de l'insondable misteri que l'envolta i del seu deure de desxifrar-lo pren el seu lloc en els misteris. Ell mateix es considera un dels misteris. Aquest és el tercer precepte[23]. El misteri no té fi, tant allò que cal desxifrar com qu ho ha de desxifrar. Això d'aquí és insondable, però no sabem de què som capaços, perquè nosaltres mateixos som això d'aquí.

Cal tenir una obstinació inflexible per a arribar a ser un «home de coneixement»[24]. Com deia un mestre Zen: «Si la suor no t'ha xopat completament, no esperis veure un palau de perles en un bri d'herba»[25].

Hem dit que tota la vida ha d'estar ordenada estratègicament per aconseguir el coneixement.

23 CASTANEDA, C., *El Don del Águila*, p. 247.
24 CASTANEDA, C., *Una realidad aparte*, p. 146.
25 HUMPHREYS,C., *Concentración y meditación,* p. 164.

El Profeta Mahoma deia: «A qui transforma totes les seves inquietuds en una sola, Déu li estalvia les altres»[26].

El Buda deia que qui busca el coneixement ha d'estar totalment embegut i atret per allò que no pot ser definit.

Només qui aconsegueix polaritzar la seva ment i la seva sensibilitat d'aquesta manera, pot dir-se que remunta el corrent[27]. Quan s'aconsegueix posar totes les facultats en punta i orientar-les a això que no pot ser definit i que cal conèixer, només llavors, diu el Buda, un ha de dedicar-se a beure el nèctar de la solitud, el nèctar de la calma, el nèctar de l'alegria que emana de la proposta del camí a realitzar. Llavors, així satisfet i alliberat de les inclinacions, amb la pau del renunciament, ha d'obstinar-se en la indagació, compenetrat de lucidesa.

Això és redreçar la ment, això és purificar la ment: distanciar-se de les inclinacions, calmar-se; i llavors, amb joia pel que s'emprèn, des de la profunditat de si mateix, amb la màxima vigilància i lucidesa de consciència, obstinar-se en la indagació, obstinar-se a veure[28].

Diuen les escriptures budistes: «Aquests són els quatre estats sublims (que ajuden al coneixement):

»1. Estendre l'amor universal, il·limitat, benvolent, sobre tots els éssers vivents, sense discriminació, com una mare estima el seu únic fill.

»2. La compassió per tots els éssers que sofreixen, que estan en dificultats o en l'aflicció.

»3. Alegria empàtica per l'èxit, el bé i la felicitat dels altres.

»4. L'equanimitat en totes les vicissituds de la vida»[29].

---

26 RUMÍ, *Fihi-ma-Fihi,* p. 218.

27 DHAMMAPADA (XVI, 218) , p . 175.

28 *Ibid.* (XIV , 181 y XV , 205) , p. 164 y 172.

29 RAHULA, W., *L'enseignement du Bouddha d' apres les textes les plus anciens,* p. 104..

Amb una compassió perseverant, perquè només qui és veritablement perseverant pot ser veritablement compassiu[30], sense esperit de profit, sense buscar res per a si[31], amb la "porta de la donació" totalment oberta, s'acaben els obstacles, no existeixen més obstacles[32].

L'amor que condueix al coneixement no ha de tenir mesura.

El que posa mesura a l'amor és l'atracció, l'aversió, la confusió. El cor ha d'estar lliure d'aquests tres limitadors.

Quan el cor està lliure de l'atracció, de l'aversió i de la confusió, és un cor amb llibertat sense mesura. Només l'amor que neix de la llibertat sense mesura no té límits i pot conduir al coneixement; llavors, el solitari... «roman fent irradiar el seu cor ple de benevolència en una direcció de l'espai, i també en una segona, una tercera..., per tot arreu íntegrament, en totes les regions de l'univers, roman fent irradiar el seu cor ple de benevolència, estès, profund, més enllà de tota mesura, sense enemistat ni hostilitat. Fa igualment irradiar el seu cor ple de compassió, de joiosa simpatia, d'equanimitat»[33].

Tal és la llibertat del cor sense mesura i tal és l'amor de la llibertat sense mesura.

Quan el desig o l'aversió intervenen, persegueixo o defujo segons la meva necessitat, projecto la confusió sobre el que m'envolta, perquè el desig o l'aversió projecten sobre les realitats el que jo hi busco; això és el que trobo quan intento conèixer-les, i així creo la confusió, perquè el que aleshores conec no és el que les coses em diuen, sinó el que la meva necessitat o la meva aversió els fan dir.

Només quan estic totalment lliure de l'aversió i del desig i quan no busco el meu interès, sinó que, per contra, m'interesso incondicionalment pel que pretenc conèixer és quan la meva necessitat

30 T. DESHIMARU, comentarios a DAISHI , Y.; *Shodoka: el canto del inmediato Satori,* p. 88.
31 *Ibid.,* p . 134.
32 *Ibid.,* p. 178.
33 SILBURN, L., *Le Bouddhisme,* p . 324.

o la meva aversió no projecten la meva pròpia construcció sobre el que pretenc conèixer i quan puc tenir una ment neta i lliure per conèixer.

Així doncs, l'amor és prerequisit per al coneixement, i no hi ha amor si no hi ha llibertat completa del desig i l'aversió.

L'amor i la llibertat són dues cares d'una mateixa moneda.

Quan l'amor sense condicions i la llibertat sense límits són presents, llavors, diuen els textos budistes, ja no hi ha més obstacles; és a dir, això que hi ha aquí diu el que és, i no el que nosaltres li imposem que digui.

Així com que la perseverança és la clau de la compassió, la paciència és la clau de l'alegria[34]. No es pot anar al coneixement més que des de l'alegria. Rumi posa en boca de Déu aquesta frase: «Si ens busques, busca'ns en el goig, perquè som els habitants del regne del goig»[35].

Ni la mort pot ser obstacle a l'alegria, perquè la mateixa mort ha de veure's des del goig.

El mateix Rumi diu que un cor entristit no és veritablement un cor. Davant del rostre de Déu s'il·lumina el goig infinit[36].

Qui està entristit no s'ha alliberat del desig o de l'aversió; per tant, no té la llibertat completa que es requereix per ser un veritable cor, és a dir, per poder estimar desinteressadament. I qui no és capaç d'estimar amb llibertat de la seva pròpia necessitat, no pot deixar de projectar, sobre el que pretén conèixer, la confusió, perquè no l'escolta desinteressadament.

L'ull només pot veure perfectament quan, lliure del desig i de l'aversió, és capaç d'abocar-se, amb un interès i una estima sense límits, cap a allò que es pretén conèixer.

---

34 RUMI, *El Masnavi*, p. 324.
35 VITRAY-MEYEROVITCH , E., *Rumí et le soufisme*, p. 59.
36 RUMI, *Odes mystiques* (365), p. 162.

L'ull trist no és lliure, està girat sobre si mateix i, per tant, no té posat tot el seu interès en el que vol conèixer i no podrà veure-ho perfectament.

Quan algú vol conèixer s'interessa, s'absorbeix per complet en l'acte de conèixer, cosa que significa que s'oblida de si mateix. Si un s'oblida de si mateix, és com si deixés d'existir.

Per anar vers un perfecte coneixement cal situar-se per sobre de la personalitat, en el terreny calm i joiós on no impera ni el desig ni l'aversió ni la confusió, i això implica situar-se a la regió de les accions immotivades[37].

Segons l'indi Don Juan, el coneixement té quatre grans enemics que cal vèncer:

«El coneixement no és mai el que un s'espera. Cada pas de l'aprenentatge és un atzucac i la por que s'experimenta comença a créixer sense misericòrdia, sense cedir. El propòsit es converteix en un camp de batalla.

»I així ha ensopegat amb el primer dels seus enemics naturals: la por! Un enemic terrible: traïdorenc i embrossat com els cards. Es queda ocult en cada tombant del camí, aguaitant, esperant. I si l'aprenent, aterrit en la seva presència, arrenca a córrer, el seu enemic haurà posat fi a la seva cerca.

»Si cedeix a la por, mai aprendrà. Mai arribarà a ser un home de coneixement. Arribarà a ser un maligne, o un covard qualsevol, un humà inofensiu, espantat; de qualsevol manera, serà un humà vençut.

»Per superar la por, no ha de córrer. Ha de desafiar la seva por i, malgrat ell, ha de fer el següent pas en el seu aprenentatge, i el següent, i el següent. Ha d'estar ple de por, però no ha de detenir-se. Aquesta és la regla! I arriba un moment en què el seu primer enemic es retira. La persona comença a sentir-se segura de si mateixa. El seu propòsit s'enforteix. Aprendre no és ja una tasca aterridora.

---

37 HUMPHREYS, C., *Concentración y meditación*, p. 151-152.

»Quan ha conquerit la por, n'està lliure per la resta de la seva vida, perquè a canvi de la por ha adquirit la claredat: una claredat de ment que esborra la por.

»I així ha trobat al seu segon enemic: la claredat! Aquesta claredat de ment, tan difícil d'obtenir, dispersa la por, però també cega. Força l'ésser humà a no dubtar mai de si. Li dona la seguretat que pot fer tot el que li vingui de gust, perquè, tot el que veu, ho veu amb claredat. Ha de desafiar la seva claredat i usar-la només per veure-hi, i esperar amb paciència i mesurar amb tacte abans de fer altres passos: ha de pensar, sobretot, que la seva claredat és gairebé un error.

»Ensopegarà amb el seu tercer enemic: el poder!

»Ha d'arribar a adonar-se que el poder que aparentment ha conquerit no és mai seu en veritat. Ha de mantenir-se a ratlla a tota hora, gestionant amb tacte i amb fe tot el que ha après. Si pot veure que, sense control sobre si mateix, la claredat i el poder són pitjors que els errors, arribarà a un punt en el qual tot es domina. Llavors sabrà com o quan usar el seu poder. I així haurà vençut el seu tercer enemic.

»I, sense advertir-ho, ensopegarà amb el seu últim enemic: la vellesa! Aquest enemic és el més cruel de tots, l'únic al qual no es pot vèncer per complet; l'enemic al qual només es podrà espantar per un instant. És el temps en què se sent un desig constant de descansar.

»Però, si es treu de sobre el cansament, i viu el seu destí fins al final, llavors pot ser anomenat *home de coneixement*, encara que sigui tan sols per aquests petits moments en què aconsegueix espantar l'últim enemic, l'enemic invencible. Aquests moments de claredat, poder i coneixement són suficients»[38].

---

38 CASTANEDA, C., *Las enseñanzas de Don Juan*, p. 108-110.

3
Reflexions sobre
el coneixement en general

Farem una primera aproximació a allò que els Mestres de saviesa diuen sobre el coneixement. Intentarem aclarir a què anomenen coneixement. Procurarem, primer, veure textos que parlin d'una manera general; després buscarem distingir els diversos aspectes del coneixement o, com nosaltres tendiríem a dir, buscarem distingir els diversos tipus de coneixement.

S'afirma explícitament que «la causa de la infelicitat i la misèria humanes consisteix en una falsa representació de la facultat d'entendre»[39].

Aquest món és un escenari construït per la nostra facultat de coneixement; per tant, la nostra sort o la nostra dissort és fruit de la nostra construcció. I la nostra construcció està intrínsecament lligada a la concepció de la nostra pròpia facultat d'entendre.

La idea que ens fem de la nostra capacitat cognoscitiva orienta el que fem amb aquesta facultat nostra, i el que ella fa determina tota la nostra vida.

Des d'aquesta perspectiva es comprèn la profunditat del que diu la tradició budista: «Qualsevol cosa que un enemic pugui fer-li al seu enemic, o un rival al seu rival, alguna cosa pitjor encara que això pot fer una ment mal dirigida»[40].

El nostre ésser no està compost d'una part lúcida, cognoscitiva, i d'una altra part opaca. El nostre cos és tan cognitiu com la ment, la ment és tan material com el cos. Tot el nostre ésser és coneixedor.

39 VALMIKI, *El mundo está en el alma*, p. 50
40 UDANA , p. 124..

També aquí és la tradició budista extremadament explícita i afirma que «la ment i la matèria són, en una anàlisi final, indistingibles»[41].

Aquesta unitat no s'ha d'interpretar com un empobriment de la ment, sinó com un enriquiment de la concepció cognoscitiva del cos.

Conèixer no és aprendre coneixements ja constituïts o acumular-los; conèixer és indagar. Segons sigui la força de l'esperit d'indagació, així serà la fondària del coneixement. Conèixer és buscar, investigar, desentranyar[42].

La indagació no és la indagació d'un misteri extern. El misteri profund d'«això d'aquí» és el meu propi misteri. Com diu la tradició hindú, realitzar-se com a humà és conèixer. I la seu de la realització és a l'interior, no a l'exterior. «L'única finalitat de la nostra existència actual és que ens girem cap a l'interior i ho realitzem . L'humà no té res més a fer.»[43]

El coneixement veritable utilitza les idees, però no és presoner d'elles, perquè coneix els seus límits. El coneixement veritable dona a llum una consciència més vasta que les idees més nobles. També, referent a això, el coneixement és llibertat. Si la religió[44] és coneixement i és la forma més completa de coneixement, la religió és l'aprenentatge de la llibertat sense límits[45]. La veritat que s'ha d'arribar a conèixer, darrer terme d'una radical indagació, no es pot tancar ni posseir en fórmules, perquè és més gran i més subtil que qualsevol formulació possible; per això s'afirma que és una veritat indicible, incomunicable. En aquest caràcter de la veritat es basa el descoratjament del Buda quan li demanen que ensenyi la veritat.

---

41 RAHULA, W., Op. cit., p. 42-43; y EVANS-WENTZ, W. Y. (ed.), *El libro tibetano...*p. 61.

42 SUZUKI, D. T., *Ensayos sobre budismo zen*, v. 2, p. 113 y 126.

43 MAHARSHI, R., *L'enseignement de Ramana Maharshi*, p. 171.

44 Abordaré qué entenc per religió al capítol 18

45 RAHULA, W. , *L' enseignement du Bouddha*, p. 100.

Diu a l'Himne de la Victòria:

«Això que amb treball jo vaig guanyar,
per què haig de fer-ho conèixer
a gent per odi i desig consumida?
No és aquesta la Veritat que poden comprendre,
contra el corrent del pensament comú,
profunda, subtil, difícil, delicada, invisible, mentre
siguin, de la passió, esclaus, coberts
per l'obscuritat de la ignorància»[46].

És difícil aconseguir el coneixement, perquè el desig i l'odi el desvien. No existeix torrent com el desig, ni foc com la passió, ni dimoni que es possessioni d'un com l'odi. Per consegüent, no existeix xarxa com l'error.

Ja hem vist que on regna la passió o l'odi no pot haver-hi més que error, tant més gran com més gran i més poderós sigui el desig o l'odi. El desig i l'odi converteixen els nostres ulls, totes les nostres facultats cognoscitives i la totalitat del nostre ésser en predador. Llavors només es veu el que es busca o s'odia, no el que les realitats són. El desig, l'odi i l'error són tres aspectes d'una mateixa realitat[47].

Aquestes consideracions, comunes a totes les tradicions religioses, posen de manifest que el coneixement no és qüestió només de la raó. El coneixement no és cosa només d'una part de nosaltres que pugui conviure amb altres parts fosques de nosaltres mateixos on regnen l'amor o l'odi, sense que afecti la capacitat de comprendre la realitat. Els Mestres insisteixen que es coneix amb tot l'ésser i que la passió o l'odi mediatitzen la nostra capacitat cognoscitiva.

La nostra capacitat de coneixement és una mica més totalitari i més englobant que un mer sistema d'interpretar la realitat; és una cosa que pot *utilitzar* un o un altre sistema, el que sigui, per a arribar a un nivell més profund de coneixement, en el qual es genera la certesa i, a

46 SUZUKI, D.T., *Ensayos sobre budismo zen*, v. 1, p. 131-132.
47 DHAMMAPADA (XVIII, 251), p. 183.

la vegada, la llibertat en relació a qualsevol forma canviant i limitada d'interpretar la realitat.

La indagació que cal conduir i portar a terme per accedir al coneixement ha de transcendir qualsevol sistema d'interpretació mitològica o metafísica. Citaré un text en el qual el Buda expressa la radicalitat de la seva postura. Diu el Buda que els seus deixebles han d'apuntar directament, i des del principi, a un nivell de coneixement per al qual no és pertinent ni la interpretació metafísica ni la mitològica.

«Però si algú digués: "No desitjo portar la vida de deixeble sota el Perfecte, tret que el Perfecte em digui si el món és etern o temporal; si el món és finit o infinit; si la personalitat és idèntica al cos, o si la personalitat és una cosa i el cos una altra; si el Perfecte continua existint després de la mort o si no continua existint després de la mort, tal persona", Germans 48, morirà abans que el Perfecte pugui dir-li tot això.

»És, Germans[48], com si un home fos travessat per una fletxa emmetzinada, i els seus amics, companys i afins cridessin un cirurgià, i ell digués: "No vull que em treguin aquesta fletxa mentre no conegui la persona que em va ferir; mentre no sàpiga si és de casta real o de casta sacerdotal, un ciutadà o un servent"; o digués: "No em deixaré arrencar aquesta fletxa mentre no conegui la persona que m'ha ferit, quin és el seu nom i a quina família pertany "; o digués: "No em deixaré arrencar aquesta fletxa mentre no conegui la persona que m'ha ferit, si és alt o és baix, o d'alçada mitjana"; de cert, Germans, tal home morirà abans que pugui arribar a conèixer tot això.

»Oh, si la persona que busca el seu benestar pogués arrencar aquesta fletxa... —aquesta fletxa de lamentació, de dolor i de pena—! Perquè, ja sigui que existeixin o no aquestes teories ("El món és etern", "El món és temporal", "El món és finit", "El món és

---

48 Tradueixo literalment la paraula *Hermanos* de l'original castellà, encara que el Buda no va fer servir aquesta paraula per dirigir-se als seus seguidors. (N. del T.)

infinit"), certament hi ha naixement, hi ha decaïment, hi ha mort, pena, lamentació, sofriment, pesar i desesperació, la cessació de la qual, assolible encara en aquesta vida present, us faig conèixer»[49].

Aquest text, i se'n podríen adduir d'altres, posa explícitament en clar que el més profund, allò realment transformador, allò potent de la nostra capacitat cognoscitiva, que és el nostre propi existir, no és interpretar la realitat; és una altra cosa que usa o no usa aquesta interpretació, lliurement i segons convingui. El resultat d'aquest nivell profund de coneixement és una il·luminació, una comprensió i una certesa que no equival a cap mena de formulació mitològica o metafísica i que, en realitat, n'és lliure de qualsevol.

A la llum d'aquests textos s'explicita que el que anomenem coneixement se situa a un doble nivell: un nivell de profunditat que no és interpretació de la realitat ni mítica ni metafísica ni, menys encara, científica, però que genera certesa; i un altre nivell en el qual el coneixement és interpretació de la realitat. Aquest segon nivell se situa en el si del primer de manera que la fermesa i la certesa del coneixement no estan lligades a un sistema d'interpretació, sinó que en són lliures, i el coneixement és capaç de canviar-ne la interpretació quan convingui.

Sense el primer nivell —el de la profunditat informulable—, el segon nivell —el de la formulació, el de la interpretació— no és lliure, sinó que el coneixement tendeix a identificar-se i fixar-se en una concreta interpretació.

Conèixer és més que interpretar: és equilibrar el terror de ser humà amb el prodigi de ser humà[50]. Conèixer és presenciar, és ser testimoni impecable del misteri i de la realitat inconcebible d'«això que hi ha aquí». Conèixer és ser testimoni imparcial de la incomprensible complexitat de l'existència difamada per la limitació de la nostra consciència quotidiana; és albirar i ser testimoni del que no es pot

49 HUMPHREYS, C., *La sabiduría del budismo*, p. 70-71.
50 CASTANEDA, c., *Viaje a lxtlan*, p. 365.

conèixer; és indagar fins anar més enllà de qualsevol forma; és ser testimoni sense prejudicis; és ser testimoni incapaç de jutjar[51].

El coneixement és un sorprendre's contínuament[52]. El veritable conèixer és entrar a la vall de la sorpresa, una sorpresa tal que causa dolor[53].

Veure és desconcertar-se amb el que es veu, sabent que mai es podrà entendre tot el que ens envolta[54].

El veritable coneixement no s'obté més que per un meravellament incessant de la raó[55].

Només el coneixement allibera de les passions, impedint que funcionin com un llaç, perquè les passions no tenen per què funcionar com un llaç. El coneixement allibera de les condicions de vida que són inherents a la individualitat i situa en un nivell que transcendeix l'individu[56].

El coneixement busca la certesa i cerca la visió. El coneixement que arriba a la certesa tendeix a convertir-se en intuïció de certesa[57]. I la certesa que s'aconsegueix no està lligada a formulacions, sinó que n'està lliure, encara que pugui expressar-se en aquestes o aquelles, segons convingui. I quan el coneixement de certesa es converteix en intuïció de certesa, la intuïció no està lligada a la visió d'aquesta manera o aquella.

El lloc on es veu la certesa és aquí mateix i no en aquesta cosa o aquella, sinó en qualsevol d'elles, sense que es lligui a cap d'elles.

Diu el Pseudo-Dionís, l'Areopagita, que «els misteris invisibles de Déu són captats per la intel·ligència a través de les criatures, fins i tot

51 CASTANEDA,C., *El fuego interno*, p. 74 y 83.

52 Shibli, en VITRAY-MEYEROVITCH, ·E., *Anthologie du soufisme*, p. 72.

53 ATTAR, *El lenguaje de los pájaros*, p. 257.

54 CASTANEDA, C., *Una realidad aparte*, p. 108;

55 VITRAY-MEYEROVITCH, E., *Mystique et poésie en Islam*, p. 118.

56 GUÉNON, R., *L'homme et son devenir selon le Vedanta*, p. 188-189.

57 VITRAY-MEYEROVITCH, E., *Mystique et poésie en Islam*, p. 106.

el seu Poder i la seva Divinitat eterna»[58]. La cerca del coneixement és un deure sagrat, diu Mahoma, el major dels deures; i insistia que val més el coneixement que la pietat[59], perquè en el fons la pietat és camí al coneixement.

Qui no busca el coneixement en tota la seva plenitud, no busca la seva realització com a humà, perquè la naturalesa i el destí humà és el coneixement sense límits.

El destí humà és endinsar-se per un coneixement sense límits. El camí del coneixement és de meravellament sobre meravellament. Cal vendre raó, intel·ligència, per comprar meravellament[60].

58 PSEUDO-DENYS, *Oeuvres Completes,* p. 99.
59 ASAD, M., *Le chemin de la Mecque,* p. 177.
60 VITRAY-MEYEROVITCH, E., *Mystique et poésie en Islam,* p. 205.

4
Actitud bàsica general
per accedir al coneixement

Per aconseguir el coneixement es requereix, en primer lloc, gran fe que existeix realment aquesta possibilitat; una possibilitat no remota, sinó que puc portar-la a terme; en segon lloc, es requereix una gran resolució; i, en tercer lloc, un gran esperit d'indagació. D'aquests factors en depèn l'èxit de l'aventura del coneixement[61].

La lluita pel coneixement s'ha de portar a terme amb esperit temperat i impecable. Cal lluitar pel coneixement com un guerrer, diu Don Juan, jugant-se la vida a cada moment, concentrant tota la nostra atenció i intensitat a cada moment, com ha de fer-ho un guerrer si vol conservar la vida. Si es lluita així pel coneixement, s'aprendrà a veure que no hi ha límit als nous mons per a la nostra visió[62].

Deia Hui-k'ê: «La història dona exemples d'antics cercadors de la veritat que, per la il·luminació, anhelaven que els fos extreta la medul·la dels seus ossos i la seva sang fos abocada per alimentar els famolencs, cobrint l'enfangat camí amb els seus cabells o llançant-se dins de les gargamelles d'un tigre famèlic. Qui soc? No puc jo també ofrenar-me en l'altar de la veritat?»[63].

La cerca no ha de recular mai, encara que sembli que s'han acabat les possibilitats i que l'esforç ha estat totalment infructuós.

«Un dia en què Wei-shan atenia el seu mestre, Pai chang, aquest li va preguntar: "Qui ets?"

»"Ling-yu, senyor."

---

61 SUZUKI, D.T., *Ensayos sobre budismo zen*, v. 2, p. 101.

62 CASTANEDA, C., *Una realidad aparte*, p. 178.

63 SUZUKI, D.T., *Ensayos sobre budismo zen*, v. 2, p. 35-36.

»"Furga les cendres i mira si hi ha algun foc a la llar." Shan va furgar a la llar i va dir: "No hi ha foc, senyor." Pai-chang es va aixecar del seu seient, va furgar les cendres en profunditat i, en trobar una petita brasa, la va aixecar i, mostrant-la-hi a Shan, li va dir:

»"Aquesta no és una brasa?"

»Això va obrir l'ull de Shan»[64].

a) El silenci com a actitud necessària per accedir al coneixement complet

Els pensaments, l'ego i el mental són diversos aspectes del mateix.

L'ego és un agregat de pensaments. Els Mestres insisteixen que cal anar més enllà de l'ego, de l'agregat de pensaments; que cal anar a la seva font. Insisteixen que la ignorància i la dissort estan lligades als pensaments. Per contra, la saviesa i la joia estan lligades al silenci interior.

Tilopa ha dit: «No imaginis, no pensis, no analitzis, no meditis, no reflexionis; mantén la ment en el seu estat natural»[65].

El mestre Gampopa ha dit: «Quan l'esperit afluixa, aconsegueix la quietud; quan res s'agita, l'aigua es torna clara»[66].

«Això que hi ha aquí» —i nosaltres mateixos pertanyem a «això que hi ha aquí»— no se'ns ofereix directament; els pensaments, la descripció del món, s'interposen sempre entre nosaltres i «això d'aquí». El diàleg intern s'interposa sempre entre nosaltres i el que és real. I el diàleg intern interpreta, modela, tota la realitat en la mesura de la nostra necessitat.

---

64 *Ibid.*, p. 76.
65 EVANS-WENTZ, W.Y. (ed.), *Yoga tibetano y...*, p. 150.
66 DAVID NEEL, A., *Iniciaciones e iniciados del Tíbet*, p. 219.

La nostra experiència del món i de nosaltres mateixos està sempre mediatitzada per la interpretació que en fem. I la interpretació que en fem és una interpretació apresa des de la nostra infància.

Així doncs, la nostra experiència del món i de nosaltres mateixos és més rememorar que experimentar directament[67]. El que rememorem són sentits semàntics, apresos des de la infància.

Diu Don Juan: «Cada vegada que el diàleg cessa, el món s'esvaeix i facetes extraordinàries de la nostra personalitat surten a la superfície, com si haguessin estat profundament guardades per les nostres paraules. Tu ets com ets, perquè et dius a tu mateix que ets així»[68]. El nostre diàleg intern ens fa sòlids i ens fa objectes. La nostra naturalesa més profunda és ser silenciosos i fluids.

Per aconseguir el silenci interior que deté el diàleg no cal evadir els fenòmens, les coses de l'existència, la vida quotidiana, el treball o les relacions. Els savis evadeixen els pensaments, però no els fenòmens; evadeixen les interpretacions, no les realitats[69].

Ni tan sols es tracta de bloquejar el corrent de pensaments i sentiments de la consciència. El corrent de la consciència pot fluir ininterrompudament, però de manera automàtica. La ment ha de romandre en un estat lúcid que no sigui ni d'inhibició ni de reacció davant els pensaments. La consciència ha de romandre com en la ribera d'un riu, observant el corrent sense impedir-lo ni implicar-s'hi; o com l'elefant respecte a les espines del bosc: li freguen la pell però no el danyen. Simplement són aquí, però no l'afecta[70].

Hui-neng deia que calia tenir pensaments com si no se'n tinguessin[71]:

67 CASTANEDA, C., *Histoires de pouvoir*, p. 50.

68 *Ibid.*, p. 30.

69 BLOFELD, J. (comp.), *Enseñanzas zen de Huang Po*, p. 64.

70 EVANS-WENZ, W.Y. (ed.), *Yoga tibetano y...*, p. 165.

71 SUZUKI, D.T., *Le non-mental selon la pensée zen*, p. 179.

«Encara que l'oceà tingui ones, quan es tenen pensaments com si no es tinguessin, la ment adquireix una condició que ha estat designada com a estat final de quietud i ha estat comparada en la seva calma a un oceà sense ones.

»Mentre la ment es troba quieta d'aquesta manera, existeix cognició del moviment mental (dels pensaments que sorgeixen i s'esvaeixen). Quan la ment ha aconseguit la seva pròpia condició de repòs o de calma, perquè és indiferent al moviment, encara que el coneix, aquest estat es diu "Estat en el qual es produeix el tall que separa el moviment del repòs"»[72].

La ment discrimina el moviment del no-moviment, és a dir, discrimina en la seva pròpia consciència el moviment de les ones de l'oceà i la quietud profunda d'aquest.

Dit amb una altra comparació també clàssica: la consciència és com la persona que està a la riba d'un riu veient plàcidament passar l'aigua, sense que el pas del riu i el moviment de les seves aigües alterin la seva quietud; per contra, la mateixa observació del moviment de les aigües aquieta la consciència. Igual ocorre respecte al fluir de la pròpia ment i de la quietud que pot adquirir-se observant el riu de la consciència.

Qui deté el moviment del cor detindrà al mateix temps la rotació de l'òrbita de la il·lusió[73].

Rumi deia: «Converteix-te sense sentits, sense oïdes, sense pensaments, a fi que puguis entendre la crida de Déu: "Torna"»[74]. Equival a dir: comença a conèixer des del silenci complet; gira't cap a la veritat, a la font del coneixement, entrant en el silenci. El silenci és l'eloqüència de la realitat[75]. «Alhora que callem, ens adonem que hi ha alguna cosa que ens diu coses»[76].

---

72 EVANS-WENZ, W.Y. (ed.), *Yoga tibetano y...*, p. 165.

73 VALMIKI, *El mundo está en el alma*, p. 27.

74 VITRAY-MEYEROVITCH, E., *Mystique et poésie en Islam*, p. 151.

75 DAISHI, Y., *Shodoka: el Canto del inmediato Satori*, p. 178.

76 CASTANEDA, C., *El segundo anillo de poder*, p. 46.

Deia Hesiqui de Batos que la pràctica atenta de la tranquil·litat del cor descobriria la visió d'un abisme vertiginós. El cor en repòs (la hesychia) escoltarà coses extraordinàries[77].

Quan un mira les coses o les persones des del silenci, tot es torna res[78].

Tot deixa de ser el que creiem que era; tot mostra que no és real com la nostra necessitat considera reals les coses, i així semblen submergir-se en l'àmbit del que no és objecte, en un àmbit en el qual no regeix el nostre criteri de realitat d'animals vivents.

Des del silenci de la interpretació, «tot això d'aquí» s'enfonsa en «res de tot això d'aquí».

El silenci és un discurs del costat de més enllà del temps; és un estat que transcendeix la paraula i el pensament; és coneixement nu de paraules i conceptes; és l'eloqüència de més enllà de la distinció de subjecte i objecte, de més enllà de les paraules, de més enllà de les construccions externes i internes del jo.

El silenci és situar-se, més enllà de tota imatge, en l'estat de consciència que els místics anomenen «contemplació nua». És un coneixement que es despulla de tota vestidura de raó i d'imaginació.

Només en el silenci es pot adquirir la certesa completa, aquella que no és filla d'un raonament. Només des del silenci s'adquireix la tranquil·la certesa que soluciona, sense una paraula, sense una resposta i en la més completa senzillesa, els enigmes de la vida[79].

Valmiki deia que «mentre no posseeixis la quietud mental, estàs exclòs del coneixement de la Veritat»[80].

Quan els processos de la ment cessen, llavors s'estableix el que veu en la seva pròpia naturalesa[81]. Quan es genera el silenci, es revela

77 FILOCALIA, p. 81.
78 CASTANEDA, C., *Una realidad aparte,* p. 196.
79 HUMPHREYS, C., *Concentración y meditación,* p. 172-173.
80 VALMIKI, *El mundo está en el alma,* p. 66.
81 PATAÑJALI., *Yogasutras*, p. 39 y 43.

la veritat i sorgeix el coneixedor en la seva pròpia naturalesa, que està més enllà de l'agregat de pensaments que anomenem «ego». Llavors sorgeix també la felicitat.

Només el silenci guia cap a la veritat, només des del silenci se la reconeix. Ens perdem i ens confonem únicament quan parlem[82].

El silenci és la condició del coneixement, és la seva guia, és el que discerneix amb certesa, és el que revela el coneixement i és el seu efecte.

b) El desaferrament com a actitud necessària per accedir al coneixement complet

Totes les tradicions religioses insisteixen que el desig és un obstacle essencial per al coneixement. La idea central és aquesta: qui s'allibera dels desitjos és savi.

L'etern enemic del coneixement és el desig, que és un foc insaciable.

Qui persegueix els objectes del desig és destruït en aquesta persecució.

El camí del coneixement no pot ser recorregut pels qui mantenen els desitjos[83].

El famós text budista diu: «No existeix foc com la passió, no existeix dimoni que es possessioni d'un com l'odi, no existeix xarxa semblant a l'error, no existeix torrentada com el desig»[84].

Aquest text posa de manifest la interna connexió i dependència del desig i de l'error. Mentre es manté el desig, es projecta un món a la mesura d'un depredador que viu d'usar i matar.

---

82 DHAMMAPADA (11, 21-22), p. 114.
83 HERBERT, J., *Relexiones sur la Bhagavad-Gîtâ*, p. 96.
84 DHAMMAPADA (XVIII, 251), p. 183.

Per tant, mentre un es manté aferrat, identificat amb el seu desig, un es manté aferrat a una interpretació de la realitat que no és el que ella és, sinó que és filla de la utilitat, directa o indirecta, que jo en trec.

Es comprèn, doncs, que el desig tanqui l'oïda i impedeixi entendre, que la inclinació tanqui l'ull i impedeixi veure-hi[85].

La connexió del camí del coneixement amb el distanciament del desig dona la mesura de la seva dificultat.

Diuen els textos de saviesa que el desig és dur com el diamant, perquè, malgrat els centenars de decepcions, no es trenca en mil trossos.

És el desig el que engendra la set, el dolor, la fatiga, el treball; és difícil d'acontentar, insaciable, res el frena; i, malgrat tot això, no ens n'allunyem[86].

«La mort s'apodera de l'humà la ment del qual està encadenada, que està ocupat a recollir flors, insaciable en els seus desitjos»[87]. Com que estem lligats a incomptables desitjos, hem de sofrir incomptables morts.

No obstant això, «on cessen les passions, el món s'atura en el seu curs. On el corrent de les passions s'atura, el món mor», diu Isaac Siríac[88].

El que nosaltres anomenem «el món» és el fruit de la dispersió dels nostres desitjos, de les nostres passions. Si cessen les passions, cessa la dispersió i «això d'aquí» es replega en una completa unitat.

Si cessa la passió, el desig, s'apaga el conglomerat que anomenem «ment», «ego»; llavors és quan «El Seu Ésser» s'expressa en el fons del meu no ésser[89]. El Tresor es troba entre les ruïnes[90].

85 VITRAY-MEYEROVITCH, E., *Mystique et poésie en Islam*, p. 267.

86 HERBERT, J., *op. cit.*, p. 97.

87 DHAMMAPADA (IV, 48), p. 124.

88 FILOCALIA, p. 26.

89 HALLAJ, Akhbar *Al-Hallj*, p. 137.

90 RUMÍ, *Fihi-ma-Fihi*, p. 159.

Però un no s'allibera de la passió mentre s'identifiqui amb el seu cos, la seva ment o el seu ego[91]. Cal eliminar de la condició de la nostra capacitat coneixedora, de la nostra lucidesa, qualsevol identificació i qualsevol noció de «jo soc això o això altre». Quan s'eliminen aquestes identificacions, hi ha quietud i la ment es converteix en un testimoni imparcial. Quan no hi ha inclinació a les coses, hi ha estabilitat; llavors es produeix la calma; si hi ha calma, no hi ha inclinació ni apetència; llavors no es produeix ni arribada ni partida, ni aparició ni desaparició; llavors tampoc hi ha ni aquí ni més enllà[92]. És la pau, i la pau és la resplendor serena del coneixement.

Quan s'han superat els obstacles que presentava la passió, «sorgeix la satisfacció; quan s'està satisfet, sorgeix l'alegria; quan el cor està alegre, el cos es calma; quan el cos està en calma, experimenta la felicitat; quan s'és feliç, la ment es concentra»[93].

Aquest text expressa la connexió que existeix entre la distància del desig, la calma, el goig i el poder de concentrar-se la ment en un coneixement que ja no és coneixement del que projecta la nostra necessitat, sinó d'«això que hi ha aquí» i de la qual cosa jo en soc testimoni en pau i ple d'alegria.

No hi ha un coneixement complet sense un desaferrament complet. Es requereix una llibertat sense condicionaments de cap mena i sense mesura per a un coneixement total[94].

Només la llibertat del desaferrament dona l'equanimitat, i l'equanimitat «té el poder sobrenatural de transformar tot en ambrosia. L'equanimitat dilata el cor i alegra la ment, així com la llum del sol inunda la volta celeste...»[95]. Si et mantens serè i equànime, neix en tu el poder del reconeixement, el poder més gran de la terra[96].

---

91 RUMÍ, *Fihi-ma-Fihi*, p. 159.

92 UDANA, p. 230.

93 DÎGHA NIKAYA, p. 191.

94 SILBURN, L. (comp.), *op. cit.*, p. 65-66.

95 VALMIKI, *El mundo está en el alma*, p. 56.

96 *Ibid.*, p. 60.

«Quan l'esperit es mou,
la muntanya, el riu i la gran terra
es mouen també.
Quan l'esperit està immòbil,
el vent que bufa,
l'ocell en vol,
els núvols errants,
romanen immòbils.
En el ser de *mushin* ("no-esperit")
roman la vida eterna,
la felicitat més gran.
Pel pensament
apareixen els sofriments.
De la no-concentració
sorgeixen les malalties.
Romanent en la pau absoluta
del cel i de la terra,
en l'harmonia del cosmos
es realitzen
les mil tardors
i les deu mil primaveres de la nostra vida»

Poema del mestre Jiun[97]

No obstant això, per poder distanciar-se del desig, per poder posar-se més enllà de la passió, es requereix una altra passió.

«L'amor no es destrueix sinó amb un altre amor»[98]. Només albirant el coneixement, començant a conèixer des d'un nivell que està més enllà del desig o no-desig, es comença a estimar i buscar el que ja no pot ser emmarcat en els nostres objectes de desitjos, en els objectes de la nostra necessitat.

---

97 DESHIMARU, T., *La práctica de la concentración*, p. 277.
98 RUMÍ., *Fihi-ma-Fihi*, p. 181.

L'allunyament del desig és el total despullament. Deia Attar:

«Si posseeixes la punta d'un cabell en aquest món, no tindràs cap notícia d'aquell món. Si et queda el menor egoisme, els set oceans estaran per a tu plens de desgràcies»[99].

El mateix autor expressava aquesta mateixa idea d'una altra forma: «Pensar en el seu jo és pitjor que el politeisme, pitjor que tot altre pecat»[100].

L'egoisme és l'obstacle per al coneixement, perquè tota referència al jo en l'acte de conèixer depreda «això altre d'aquí» al servei del jo i, per tant, el deforma, no li deixa dir el que de per si mateix diu. L'egoisme és la matriu de l'error, ja que l'ego és una amalgama de desitjos.

Segons aquests mateixos principis o perspectives, el do gratuït és l'origen de la felicitat i del coneixement[101], perquè allunya de l'egoisme i, en la mesura en què ho fa, aproxima al veritable coneixement. Per aquesta raó deia el Mestre Dogen: «Si obriu les vostres mans, podreu rebre-ho tot»[102].

El Buda mateix deia:

«Són feliços els que no tenen res,

perquè els que no tenen res

han aconseguit el més alt coneixement.

Mira com sofreix el qui té alguna cosa.

L'humà té la seva ment encadenada a l'humà»[103].

---

99 ATTAR, *El lenguaje de los pájaros*, p. 261.

100 ATTAR, *Le livre divin*, p. 240.

101 DAISHI, Y., *Shodoka: el Canto del inmediato Satori*, p. 131.

102 *Ibid.*, p. 169.

103 UDANA, p. 73.

Quan el subjecte és pura lucidesa sense que busqui res per a si, quan l'esperit deixa d'estar girat cap a obtenir alguna cosa, quan no hi ha res a esperar, és quan l'existència comença a revelar-se[104].

Es diu en el *Shodoka*:
«El do practicat amb una fi pot donar la sort
de renéixer en el cel,
però és com disparar
una fletxa al cel»[105].

Si, quan un intenta conèixer, cerca algun profit, encara que pretengui una fi noble, pot ser que obtingui per a si aquest bé noble que pretén, però a la fi redunda en mal, perquè impedeix sortir de si mateix i l'indueix a conèixer referint-se a si mateix. I ja hem vist que, mentre quedi un àtom de referència a si, d'egoisme, li esperen, a un, set oceans de desgràcies.

Conèixer buscant alguna cosa equival a reafirmar l'ego; i sí es reafirma l'ego, es projecta en el que es coneix l'error, perquè s'impedeix a l'existència que es reveli per si mateixa.

Cal anar al coneixement sense meta[106].

Quan un indaga, medita, s'esforça per conèixer, practica la concentració..., no ho ha de fer per a si mateix. Aquest és el principi de la *veritable religió* i de la veritable saviesa[107].

El Pseudo-Dionís diu que «en la seva naturalesa íntima, aquest Secret (el coneixement suprem) no s'ofereix a la nostra cerca més que per l'abandó de tota operació intel·lectual, per la renúncia a tota captació intuïtiva, a tota deïficació, a tota vida, a tota essència ...»[108].

---

104 BAYLE DE JESSÉ, B., *Houa-T'eou*, p. 154.
105 DAISHI, Y., *Shodoka: el Canto del inmediato Satori*, p. 126.
106 *Ibid.*, p. 126.
107 *Ibid.*, p. 127.
108 PSEUDO-DENYS, *Oeuvres Completes*, p. 84-85.

Només l'abandó de tota pretensió pot convertir-nos en pur testimoni, pura lucidesa alerta que, al no buscar res, no projecta res en el que es coneix; llavors és possible que es reveli el secret suprem d'«això d'aquí».

Cal mantenir-se no afectat, limitant-se a ser testimoni, espectador desvinculat i indiferent.

Ser espectador desvinculat i indiferent no suposa un conèixer fred, gèlid, sinó tot el contrari: és l'única manera de possibilitar que tot el conèixer sigui pura vibració. Si hi ha vinculació o tendència a triar alguna cosa per a si, el coneixement no pot convertir-se en llum vibrant, sinó que el conèixer és instrument de depredació.

Com sempre, la tradició budista és rigorosa i clara en la seva formulació. Diu que no cal pretendre res, ni tan sols convertir-se en Buda. No cal cobejar cap ambició, ni la d'arribar a ser un Buda. Si sorgeix el Buda davant vosaltres, no pretengueu retenir-lo; cal esforçar-se sense defallir fins apartar-lo i aniquilar-lo.

«Ara aclariré amb llum meridiana com heu de procedir per a mantenir-vos lliures d'aquest Buda. Considereu la llum del Sol! Tal vegada digueu que és propera; no obstant això, si la seguiu de món en món, mai l'agafareu en les vostres mans. Llavors tal vegada la qualifiqueu de llunyana; però heus aquí que l'estareu veient davant dels vostres ulls. Seguiu-la, i heus aquí que se us escapa; allunyeu-vos-en, i no deixarà d'atrapar-vos. D'aquest exemple podeu deduir el que succeeix amb la veritable naturalesa de totes les coses, i d'ara endavant no tindreu necessitat d'afligir-vos ni preocupar-vos de tals coses»[109].

Qui surt a buscar s'allunya del que cal trobar.

Rumi adverteix del fàcil que és que es coli l'egoisme en la cerca del coneixement i en l'amor a la veritat. Posa en boca de Déu aquestes paraules: «Tu ets un amant dels teus propis raptes, no de mi. Et gires cap a mi només amb l'esperança d'experimentar raptes»[110].

109 BLOFELD, J. (comp.), *Enseñanzas zen de Huang Po*, p. 130-131
110 RUMÍ, *El Masnavi*, p. 153.

Bayazid expressava la mateixa idea: «És un delicte que l'amant repari en el seu amor, i un ultratge mirar-se a si mateix en l'amor quan un està cara a cara del Déu a qui busca»[111].

Encara que Bayazid parla aquí d'amor, en aquests nivells de profunditat, el coneixement és amor, i l'amor és coneixement.

c) L'atenció com a actitud necessària per accedir al coneixement complet

Educar per al coneixement complet és educar per a una observació completa.

Hi ha una atenció cap al nostre entorn i cap a nosaltres mateixos que està regida per la necessitat. Aquesta atenció pot distreure's, però fàcilment desperta quan se li presenta una cosa relacionada amb les seves necessitats, amb els seus desitjos. Don Juan anomena, a aquesta atenció, «la primera atenció».

Es dona una segona atenció, que cal educar i conrear; una atenció que no la despertarà l'objecte del desig, sinó que haurà d'aprendre a estar alerta i vigilant sense buscar res, només veure, comprendre.

Observar de forma continuada és el camí per a obtenir la capacitat d'aquesta segona atenció que ho escruta intensament tot sense ser cridat per res ni buscar res.

Aquesta segona atenció és necessària per accedir al que «això d'aquí» és i diu, independentment que sigui jo un vivent necessitat o no[112].

D'altra banda, si s'observen atentament i com a espectador les anades i vingudes de la ment i de la nostra sensibilitat respecte a tot el que ens envolta i respecte a nosaltres mateixos, el flux del corrent s'aquieta. «Si observeu les anades i vingudes del vostre mental, els

111 NICHOLSON, R.A., *Los místicos del Islam*, p. 125.
112 CASTANEDA, C., *El segundo anillo de poder*, p. 288.

pensaments es pararan, i descobrireu la Pau de l'Esperit que constitueix la vostra naturalesa veritable»[113].

Podria dir-se, amb molts textos budistes, que tot el que cal fer és observar, vigilar amb summa atenció, perquè fer això fa callar el desig, deixa anar l'aferrament i aquieta la ment. Tot el que cal fer és prendre consciència, vigilar, observar[114].

Tot el que cal fer és «mantenir la ment com la del nen petit que mira amb la més intensa vivor mental els frescos d'un temple»[115].

Mirar amb l'absorció, frescor i interès d'un nen sorprès i admirat per les pintures desconcertants d'un temple.

Amb energia, cal autocontrolar i dominar la ment per a concentrar-la en una perfecta alerta i vigilància. Amb aquesta alerta i vigilància, el savi es fa una illa que no submergeix la torrentada. «Els humàns necis i maldestres es donen a la indolència; el savi cuida el seu estat d'alerta i vigilància com el millor tresor»[116].

Fer-se amb una gran capacitat d'atenció segona, desinteressada, intensa i constant, és la preocupació número u de qui desitja obtenir el coneixement.

A mesura que es practica aquesta intensa atenció, a mesura que un es complau en aquesta observació i hi troba goig, comprèn el perill de la desídia en l'atenció i «veu com el foc (de la intensitat de la seva pròpia atenció i observació) va cremant els seus lligams, febles o forts»[117].

«Estar alerta i vigilant és el camí cap a la immortalitat; la desídia és el camí cap a la mort; els que estan alerta i vigilants no moren; els que són desidiosos són com els morts. Els *pandits* en vigilància, sabent

113 MAHARSHI, R., *L'enseignement de Ramana Maharshi*, p. 281.

114 RAHULA, W., *L'enseignement du Bouddha d' apres les textes les plus anciens*, p. 99.

115 EVANS-WENTZ, W.Y . (ed.), *Yoga tibetano y...*, p. 163.

116 DHAMMAPADA (II, 25-26), p. 114-115.

117 Ibid., (II, 31), p. 115.

això en forma clara, es delecten en l'estat d'alerta i vigilància, gojosos en el regne dels *ariya*»[118]. «Mara (la mort) no troba el rastre d'aquells de conducta noble que viuen alerta i vigilants i que, gràcies al perfecte coneixement, han trobat l'alliberament»[119].

Aquests textos són suficients per calibrar la importància que es dona a l'atenció com a instrument per a l'obtenció del coneixement complet.

Una atenció intensa significa un interès intens, que no pot donar-se si no es dona un intens amor a allò que s'observa. Per tant, l'atenció vigilant que condueix al coneixement és interès i amor. Qui, així disposat, s'acosta incansablement a les realitats i a si mateix, viu una experiència nova, com si ell i el cosmos comencessin a cada moment. «Llavors hi ha una cosa nova cada segon i no una acumulació del vell[120].

Ensenya la tradició de l'Església d'Orient que no hi ha estats de vida activa o contemplativa: «L'esperit humà, en el seu estat normal, no és actiu ni passiu: és vigilant».

L'ésser humà, en el seu estat d'integritat, amb el cor sobri i atent, discerneix el que veu. Els estats actius o passius són fruit de l'esquarterament interior. L'important no és el tipus de vida que un pugui portar: si immers en la vida quotidiana o retirat. L'important és el grau de vigilància que cal aconseguir[121].

Així doncs, tot el que cal aconseguir és un cor i una ment vigilant, perquè «cada àtom de l'ésser parla sense parar en alta veu, però només un cor vigilant pot sentir-lo»[122].

---

118 *Ibid.* (II, 21-22), p. 114.

119 *Ibid.*, (IV, 57), p. 125

120 LINSSEN, R., *Bouddhisme, taoïsme et zen*, p. 261.

121 LOSSKY, V., *Teología mística de la Iglesia de Oriente*, p. 151.

122 ATTAR, *Le livre divin*, p. 247.

5

Alguns aspectes importants dels mètodes per obtenir coneixement complet

La temptació fonamental de la nostra societat cientificotècnica és creure que no hi ha més, en la realitat, que el que diuen les nostres ciències o el que poden proporcionar les nostres tecnologies. L'error bàsic en què podem caure és quedar enclaustrats en les nostres teories abstractes i en els nostres comportaments utilitaris. Per aquesta raó, el punt de partida bàsic per iniciar-se correctament en la cerca del coneixement complet és arrencar pel que Don Juan anomena: «els preceptes de la regla», dels quals ja n'hem parlat. La possibilitat d'aplicació dels mètodes exposats pels Mestres de saviesa, i que apuntarem, resideix en què primer s'hagin seguit els preceptes de la regla. Recordem-los de nou:

«El primer precepte de la regla és reconèixer que tot el que ens envolta és un misteri insondable.

»El segon precepte de la regla és que hem de mirar de desxifrar aquests misteris, però sense tenir la menor esperança d'aconseguir-ho.

»El tercer és que un guerrer (el que busca el coneixement), conscient de l'insondable misteri que l'envolta i conscient del seu deure d'intentar desxifrar-lo, pren el seu legítim lloc entre els misteris i ell mateix es considera un d'ells.

»Per conseqüent, per a un guerrer, el misteri de ser no té fi, encara que ser signifiqui ser una pedra o una formiga o un mateix. Aquesta és la humilitat del guerrer. Un mateix és igual a tot...»[123].

---

123 CASTANEDA, C., *El don del Águila*, p. 246-247.

Això és el que cal indagar; i la indagació no té fi: s'indagui la realitat que s'indagui, tot és igual i tot és igualment inesgotable; un mateix no és més que qualsevol altra cosa.

Quins procediments podem utilitzar per fer aquesta indagació? Quins mètodes proposen els Mestres per aconseguir el coneixement complet?

Per entrar en la indagació d'això insondable es requereix tenir el cos controlat, controlades les paraules, controlada la ment, tot completament controlat[124].

Aquest control ha de conduir a la serenitat, a la tranquil·litat, a no fer mal, a ser benèvol amb tots els éssers.

Qui actua així, experimenta la benèfica influència de la Veritat suprema que es manifesta en la seva ànima[125].

Un dels principals instruments de l'aquietament interior és la pràctica del silenci. Els mestres hindús deien:

«El silenci és la millor iniciació, la més poderosa»[126].

El mestre zen Huang Po deia: «Només que pugueu desembarassar-vos del pensament conceptual, haureu consumat tot el que cal consumar».

És a dir, amb la condició que observeu la realitat sense interpretar-la, des del si del no pensament, del silenci, ja haureu fet el que cal fer.

El mateix s'afirma des de la tradició cristiana. El Mestre Eckhart diu: «Un silenci complet, un buit complet: això és el millor que pots fer!»[127].

En el *Shodoka* es llegeix el següent vers, que expressa l'ideal de l'ésser humà retirat al seu interior, serè, vigilant, silenciós i concentrat únicament en la indagació del coneixement:

---

124 DHAMMAPADA (XVII, 234), p. 178.

125 VALMIKI, *El mundo está en el alma*, p. 56

126 MAHARSHI, R., *L'enseignement de Ramana Maharshi*, p. 372.

127 ECKHART, *Obras escogidas*, p. 110

«Retirar-se a les muntanyes profundes,
viure en una petita ermita,
assegut sota un gran pi,
tranquil i serè,
practicar zazen, afable i feliç,
en l'estatge del monjo ermità,
vida simple i serena,
veritable bellesa»[128].

No s'està propugnant que calgui portar vida d'ermità, apartat del món; es propugna el retir al més profund de si mateix, on resideix el misteri que portem dins; aquest misteri interior serà el nostre mestre. Allà, a l'interior serè, cal practicar la meditació, sense buscar res i, per això mateix, afable i feliç.

Tots els mètodes, tant la via de l'acció com la via de la no-acció o la via del coneixement, han de conduir al mateix: presa de consciència d'una dimensió d'eternitat en el nostre propi si i en totes les coses.

Cal arribar a comprendre que el nivell més profund del nostre propi jo no exerceix el paper d'actor en el món de l'acció. Hi ha un nivell de nosaltres mateixos que es manté a part de les batalles i, encara que siguin els seus combats, no lluita en ells. Aquest és el sentit profund del *wu-wei* ("no actuar") taoista.

«Si un mira de fer alguna cosa a la perfecció, primer de tot s'hi interessa i, després, el que intenta fer l'absorbeix per complet, cosa que significa que un s'oblida de si mateix en concentrar-se en aquest acte. Ara bé, si un s'oblida de si mateix, deixa d'existir, ja que un mateix és la causa de la seva pròpia existència»[129].

L'acció, llavors, es converteix en impersonal i immotivada; ningú actua ni persegueix res. Actuant d'aquesta forma, l'acció és *wu-wei*, no-acció, i a més adquireix la màxima eficàcia.

---

128 DAISHI, Y. *Shodoka: el Canto del inmediato Satori*, p. 120.
129 HUMPHREYS, C., *Concentración y meditación*, p. 151-152.

«...si haguéssim realitzat un sol d'aquests actes de manera absolutament perfecta, ens hauríem elevat per sobre del que és personal, amb els seus límits de temps, lloc i conseqüències; en altres paraules, hauríem "trencat" la cadena»[130].

«Si vosaltres —deia el mestre zen Huang Po—, estudiants de la via, desitgeu ser Budes, no necessiteu estudiar cap doctrina, sinó només aprendre a evitar la cerca de cap cosa i la inclinació a qualsevol cosa que sigui»[131].

Evagri deia que, per l'acció, cal desembocar finalment en un estat impassible (*apatheia*) en el qual, encara que la naturalesa actuï, el jo profund ja no està subjecte a les passions ni es veu afectat per res. Aquest estat d'impassibilitat no és en absolut un estat de passivitat; per contra, és un estat que fa possible la perfecta actuació sense interferències dels interessos i apreciacions del jo[132].

Un no actua, encara que ho faci, si no actua per a si mateix. Per això, la norma fonamental per a arribar a practicar el *wu-wei* és no actuar mai per a si mateix, ni tan sols quan un fa silenci o practica la concentració.

«No practicar per a si mateix: tal és el principi de la veritable religió, de la més elevada saviesa»[133]. Cal aconseguir no actuar actuant. Hem vist que un mètode és no actuar mai per a si mateix.

Una concreció nova d'aquest mateix mètode serà actuar sempre en bé dels altres, no de si mateix. Si hi ha una sola cosa en la qual els mestres zen insisteixen de manera especialíssima, és el servei als altres. El deixeble ha de treballar constantment per als altres, però no ostentosament —això despertaria el jo—, sinó en secret, procurant que ningú s'assabenti de la seva acció[134].

---

130 *Ibid.*

131 BLOFELD, J. (comp.), *Enseñanzas zen de Huang Po*, p. 55.

132 LOSSKY, V., *Teología mística de la Iglesia de Oriente*, p. 151.

133 DAISHI, Y., *Shodoka: el Canto del inmediato Satori*, p. 127.

134 HUMPHREYS, C., *Concentración y meditación*, p. 162.

El mateix retir del món dels ermitans podria ser perillós i equivalent a una forma d'egoisme, si no s'està sempre disposat a sortir-ne per ajudar els altres. El que cal aconseguir per assolir un autèntic *wu-wei* no queda assegurat amb la no-acció del retir ermità; el retir ermità pot ajudar, però no és garantia del profund *wu-wei*.

Dedicar-se sempre i incondicionalment al treball per al bé d'uns altres és garantia que no es busca res per a si. Per això, els savis budistes sostenen que ha de combinar-se el retir ermità, si s'hi opta, amb l'atenció incondicional als altres. Vegeu el testimoniatge del següent bell text:

«M'agradaria viure sol en una ermita petita amb el sostre de palla, construïda a l'ombra del bosc de pins. Vivint en aquesta cabanya, si un nen caigués malalt a l'est, aniria a curar-lo. Si una mare estigués fatigada a l'oest, aniria a ajudar-la i a donar-li massatges en les espatlles. Si hi hagués un moribund al sud, aniria a dir-li que no es preocupés, que no tingués por de la mort. Però, si morís, ploraria amb una profunda compassió per ell i per la seva família. Si al nord hi hagués una querella, aniria a detenir-la i diria: "No us baralleu. Combatre no serveix de res". Encara que alguns em critiquessin i em tractessin d'estúpid, no m'entristiria. Encara que uns altres m'admiressin com a una bona persona, no me n'alegraria. Espero ser així algun dia[135].

Diu un cèlebre text hindú: «Tret que el bé de tots es converteixi en el teu propi bé, oh Rama, no faràs més que afegir traves als teus peus. Fins i tot el bé del teu interior és il·lusió si és exclusiu i està separat del bé de tots els éssers»[136].

Ni el bé interior de qui cerca per sobre de qualsevol altra cosa el coneixement és real si no va unit, si no apunta, més que a res, al bé dels altres; ni el més sublim pot buscar-se per a si sense que aquest interès, encara que molt noble, redundi en enfortiment d'alguna forma del propi jo.

---

135 DESHIMARU, T., *La práctica de la concentración*, p. 247.
136 VALMIKI., *El mundo está en el alma*, p. 140.

I ja sabem que, si aconsegueix sobreviure alguna forma d'interès per a si, encara que subtil i noble, hi ha egoisme, referència del conèixer a si mateix i, per tant, error.

Entrar per les senderes del bé dels altres és entrar pels camins de la benevolència i l'amor. Per conseqüent, aprendre el camí del coneixement és aprendre el camí de l'amor. Diu un mestre sufí: «Si els teus passos anessin aliens a les sendes de l'amor, marxa, aprèn primer a estimar i després compareix de nou davant meu»[137].

L'orgull i la suficiència no poden caminar pel camí de l'amor; només la cultura i la generositat caminen per ell[138].

Per al coneixement, «un àtom d'amor és preferible a tot el que existeix entre els horitzons», perquè «l'amor és la medul·la dels éssers»[139].

Estimar és anar amb tot l'ésser a l'interior d'«això d'aquí», això és conèixer. Els éssers són llum, i la llum és vibració. La medul·la dels éssers és llum i és amor.

Aquest coneixement, que és amor totalitari, no té normes ni regles; per aquesta raó diu el místic sufí Attar:

«Qualsevol que tingui el peu ferm en l'amor renuncia alhora a la religió i a la incredulitat. L'amor t'obrirà la porta de la pobresa espiritual i la pobresa et mostrarà el camí de la incredulitat. Quan no et quedi ni incredulitat ni religió, el teu cos i la teva ànima desapareixeran i seràs digne d'aquests misteris: és necessari, en efecte, ser així per penetrar-los. Avança, doncs, sense temor el teu peu en aquesta via com fan els espirituals i renuncia sense vacil·lar a la fe i a la infidelitat. No dubtis, retira les teves mans de criatura, tingues més aviat l'ardor dels valents; cent vicissituds podrien caure a qualsevol moment damunt teu i no tindries

---

137 NICHOLSON, R.A., *Los místicos del Islam*, p. 120.

138 ATTAR, *Le livre divin*, p. 263.

139 ATTAR, *El lenguaje de los pájaros*, p. 72.

temor a experimentar-les si ocorreguessin en la via de la qual es tracta»[140].

Qualsevol que posa el peu en l'amor, llença lluny de si les seguretats i els resguards, va totalitàriament al sense forma i, en aquest camí, perd les formes i es troba en la pobresa.

La pobresa total està més enllà de la religió i de la infidelitat. L'amor allunya de les proteccions de la infància espiritual. Qui avança per aquí es perd i entra en el misteri, en el que ja no es pot predir i on esdevenen cent vicissituds que sempre desborden.

«Pürnamaitrayaniputra pregunta a Sáriputra: "El *Bodhisattva* ha de tributar respecte només als altres *Bodhisattva* i no a tots els éssers en general?" Sáriputra respon: "El *Bodhisattva* ha de respectar tots els éssers tal com respecta el *Tathagata* ("el Buda"). Ha de respectar a tots els *Bodhisattva* i a tots els éssers sensibles, sense efectuar cap distinció entre ells.

»"Perquè correspon al *Bodhisattva* conrear cap a tots els éssers el sentiment d'humilitat i deferència i no mirar-los amb arrogància. De fet, ha de venerar-los amb el mateix sentiment d'abnegació amb què venera els *Tathagata*"»[141].

Amor és respecte, veneració, abnegació pel que s'estima. L'amor que és necessari per al coneixement és l'amor que no fa diferències. S'ha d'estimar tots els éssers igualment; ¿d'on podrien procedir les diferències si el jo ha de desaparèixer i «tot això d'aquí» són només diferents formes de dir-se Això?

Cal remarcar que una tradició tan totalment polaritzada en el coneixement com el zen arriba a afirmar que «el més important és l'amor»[142].

---

140 *Ibid.*
141 SUZUKI, D.T., *Essais sur le bouddhisme zen*, v. 3, p. 300.
142 HUMPHREYS, C., *Une approche occidentale du zen*, p. 168.

De la mateixa manera, el Ioga clàssic, que s'ocupa del coneixement i dels mitjans per arribar-hi, ensenya que «la serenitat de la ment sorgeix del cultiu de la benevolència, la compassió, la satisfacció, la indiferència davant la felicitat, la desgràcia, el mèrit i el demèrit»[143].

És a dir, que cal oblidar-se dels mèrits o demèrits, de la felicitat o de la desgràcia, acontentant-se sempre amb allò que es té, fins al punt d'estar satisfet i, des d'aquest estat d'ànim, cultivar la benevolència i compassió sense límits.

I l'amor no només no fa diferències en la qualitat dels éssers, sinó que no ha de distingir entre amics i enemics. Diu un mestre sufí: «Aprèn de les petxines dels mars d'Orient a estimar el teu enemic, perquè elles omplen de perles les mans que les destrossen»[144].

Tant el sentit de la no-actuació com el de no buscar res en l'acció o l'actuació purament en bé dels altres tendeixen al mateix: esborrar el jo, distanciar-se d'aquesta estructura de desitjos que projecta una interpretació construïda a la mesura de la seva necessitat sobre la totalitat de la realitat. En tots aquests mètodes es tendeix a accedir a un nivell de coneixement i a un nivell de relació amb tota la realitat, inclòs un mateix, no regit per la necessitat, sinó gratuït, perquè és l'única manera de sentir i entendre el llenguatge que és propi de la realitat, no el llenguatge que la nostra cobdícia li imposa.

El mètode que ara entrem a presentar breument aborda directament el problema: el jo ha de morir; només després de la seva mort hi ha coneixement i vida. Aquest procediment d'iniciació està expressament present en tota la tradició caçadora i en les cultures agrícoles. No hi ha cap tradició religiosa que, d'una manera o una altra, no utilitzi aquest mètode. Dono per conegut aquest procediment i em reduiré a la cita de dos textos musulmans:

«Si mors abans de morir, encara que no sigui més que un instant, en aquest instant et veuràs senyor de l'univers»[145]. «Si no ets, ho

143 PATAÑJALI., *op. cit.*, p. 168

144 GURAIEB, J.E., *El suismo en el cristianismo y el Islam*, p. 55.

145 ATTAR , *Le livre divin*, p. 39.

veus», la qual cosa vol dir: «La seva visió no té lloc més que per l'extinció de tu mateix»[146].

Un altre procediment, un dels més subtils, és endinsar-nos en la indagació de les profunditats del jo. Aquestes profunditats no són els nivells inconscients foscos, sinó els inconscients de la lucidesa dels cims. Cal indagar en el propi interior fins a assolir aquest suprem nivell en el qual el jo empíric es dissol i s'accedeix a una unitat que elimina tota dualitat. Ramana Maharshi, un dels grans mestres d'aquest ioga del coneixement, diu:

«El fet és que el mental no és més que un conglomerat de pensaments. Com voleu suprimir-lo pel simple pensament o el desig de voler fer-ho?; perquè aquest pensament o aquest desig forma part d'ell. El mental creix simplement amb aquests nous pensaments. Per consegüent, és estúpid voler matar el mental per mitjà del mental. L'única manera d'abordar-ho consisteix a trobar la font i aferrar-s'hi. Llavors el mental desapareixerà per si mateix»[147].

Tots els mètodes apunten a accedir a un nivell de coneixement en el qual el coneixedor ja no és un depredador, ja no és un ésser interessat que coneix per sobreviure, posseir, dominar, etc. Tots els mètodes pretenen conduir a un nivell de coneixement en el qual el coneixedor «no es veu afectat per ningú ni per res i, davant qualsevol objecte, es limita a ser únicament testimoni»[148]. «El més feliç és aquell que roman com a espectador desvinculat i indiferent en observar la conducta i el comportament de la humanitat i mira sense triar res per a si»[149].

El *control de la respiració,* com a mitjà d'aquietament de la interioritat en el seu conjunt, és un altre dels grans mitjans emprats per gairebé totes les tradicions.

---

146 ARABI, lbn, *Le livre de l' extinction dans la contemplation,* p. 49.
147 MAHARSHI, R., *L'enseignement de Ramana Maharshi,* p. 420.
148 VALMIKI, *El mundo está en el alma,* p. 80.
149 *Ibid.*

«El pensament, d'una banda, i la respiració, la circulació, les activitats vegetatives, per una altra, són dos aspectes diferents d'una mateixa funció: la vida individual. Depenen cadascun (o, metafòricament, resideixen o formen part integrant) de la vida. La personalitat, les idees i l'activitat física prenen d'allà la seva font. Si la respiració o qualsevol altra activitat vital és deliberadament reprimida, el pensament ho està també. Al revés: si el pensament està molt detingut i concentrat en un sol punt, l'activitat vital de la respiració es deté també, s'iguala i es limita al nivell mínim compatible amb el manteniment de la vida. En els dos casos la distracció mental és suprimida temporalment»[150].

D'una banda, cal accedir a un nivell de coneixement que se situï més enllà de la necessitat i de l'interès, en un nivell en el qual la lucidesa és purament testimoni de tota la realitat; però, d'altra banda, cal arribar a conèixer amb la totalitat de nosaltres mateixos, no sols amb el nostre cim lúcid, sinó amb tot l'ésser, amb tot el cos, amb els nostres nivells de coneixement foscos. Tota aquesta gamma de capacitats cognoscitives ha d'unificar-se i integrar-se en una perfecta conjunció. El conèixer ha d'abastar tota la vida, i tots els aspectes del nostre viure han de ser conèixer.

Els qui més han insistit en aquest aspecte han estat els musulmans. Citaré un text de Seyyed Hossein Nasr:

«...la unitat no és solament una afirmació metafísica concernent a la naturalesa de l'Absolut, sinó també un mètode d'integració, un mitjà de realitzar la seva pròpia totalitat i la profunda unitat de la Unicitat, unitat que l'Islam busca realitzar, en primera instància , en l'ésser humà, en la seva vida interior i exterior. Tota manifestació de l'existència humana haurà d'estar orgànicament lligada a la *Shahadah 'La ilfilla ill'Allah'* ("no hi ha més déu que Al·là"), que és la forma més universal d'expressar la Unitat. Això significa que l'ésser humà no hauria de compartimentar-se, establir divisions entre els seus pensaments i les seves accions. Cadascun dels seus actes, fins la seva manera de caminar i de

---

150 MAHARSHI, R., *L'enseignement de Ramana Maharshi,* p. 33.

menjar, hauria de manifestar la norma espiritual que resideix en el seu esperit i en el seu cor»[151].

Per aquesta raó, «l'Islam, que és la religió de la Unitat, no ha establert mai, en cap àmbit, cap distinció entre l'espiritual i el temporal, entre el religiós i el profà»[152].

També els budistes insisteixen en la necessitat d'integrar totes les facultats en una unitat cognoscitiva. Cal arribar al fet que operi en nosaltres la «Intel·ligència-Amor» com una unitat indissoluble. Aquesta unitat és la nostra pròpia naturalesa i no la nostra compartimentació cognoscitiva. Aquesta unitat és fins a tal punt la nostra pròpia naturalesa i «és fins a tal punt simple, i fins a tal punt propera, que tot mètode és no només inútil, sinó que constitueix un obstacle a aquesta disponibilitat»[153].

Un altre dels grans mètodes aconsellats per totes les tradicions que compten amb escriptura: l'estudi dels grans textos i dels grans mestres. «Estudia els ensenyaments dels Grans Savis de totes les sectes (tradicions) imparcialment»[154].

Els grans textos dels grans mestres expressen el resultat de la seva indagació i ensenyen com indagar. Orienten les nostres pròpies indagacions a través de les expressions de la seva experiència i a través dels mètodes que exposen. «Els mètodes varien amb el temperament de qui els aplica, però l'objectiu és el mateix per a tots: la fusió dels diversos aspectes del nostre complex ésser en una unitat radiant i sense límits»[155].

Hem exposat diversos mètodes, no tots; no obstant això, tots ells no són més que una ajuda per, a la fi, comprendre que, malgrat el suport de tots els mètodes, el mètode veritable és arribar a descobrir que no hi ha mètode, perquè: qui va a cap lloc?; d'on a on?; com anar

---

151 NASR, S.H., *Islam: perspectives et realités*, p. 35.

152 *Ibid.*, p. 37.

153 LINSSEN, R., *Bouddhisme, taoïsme et zen*, p. 316.

154 EVANS-WENTZ, W.Y. (ed.), *Yoga tibetano...*, p. 99.

155 HUMPHREYS, C., *Concentración y meditación*, p. 175.

d'aquí mateix a aquí mateix? Tot anar a buscar és allunyar-se del que cal trobar. No es pot anar a buscar enlloc la perla que es porta al front. Res és, excepte la faç de Déu; qui buscarà què i on?

Si en realitat no hi ha res a buscar, ni qui busqui, ni cap lloc on anar a buscar, com pot parlar-se de mètode?

6
Obstacles greus
per al coneixement complet

Es diu en el *Mahabharata*: «La ignorància, fill meu, té el seu origen en la cobdícia; com més creix la cobdícia, més creix al seu torn la ignorància.

»L'arrel de la cobdícia no és una altra que la pèrdua de la claredat mental, la pèrdua del judici. Així doncs, la ignorància és una companya inseparable de la cobdícia»[156].

I què és la cobdícia, sinó el desig?

En el *Bhagavad-Gita* es diu: «Oh, Bharata! Tots els éssers creats s'esgarrien pel miratge de la dualitat, originada pel desig i la repulsió»[157].

El desig i la repulsió són la cara positiva i negativa del mateix fenomen: l'apetència. L'apetència, que és la necessitat, és la que crea la dualitat entre qui necessita i allò que es necessita.

La dualitat és l'estructura cognoscitiva elemental que requereix generar el vivent necessitat per poder interpretar la realitat de manera que pugui satisfer la seva necessitat.

Si s'elimina la necessitat, s'elimina el desig, l'apetència, la repulsió i, per conseqüent, s'elimina l'arrel generadora de la dualitat.

Segons la tradició budista, aquests són els cinc impediments majors al coneixement:

1. Els desitjos

2. L'odi i la còlera

---

156 VYASA, *El Mahabharata*, p. 1.122.
157 BHAGAVAD GITA (VII, 27), p. 58.

3. La indolència

4. L'excitació i els remordiments

5. Els dubtes escèptics

Per conèixer la realitat, lliure del prisma de la nostra necessitat, el desig és l'arrel de la ignorància.

L'odi i la còlera són el rostre del desig quan no aconsegueix el que pretén.

La indolència és l'actitud de les nostres facultats cognoscitives quan se les pretén orientar cap a altres realitats, altres aspectes de la realitat que no siguin veure-la com a objecte de desig.

L'excitació i els remordiments són la conseqüència primera que se segueix de mantenir l'esperit orientat per l'interès propi, fins i tot quan es busca el coneixement caminant per la sendera. Podríem dir que és la primera reencarnació, en aquesta mateixa vida, del nostre esperit depredador.

Els dubtes escèptics, no els dubtes que són intrínsecs al procés d'indagació del coneixement, són la primera gran dificultat per a qui vol caminar per la sendera.

L'ego, que és estructura de desitjos, es nega a considerar real el que no compleixi el que per a ell és el cànon de tota realitat que sigui, directament o indirectament, objecte de desig. Per començar el camí cal ser capaç de fer aquest primer pas fonamental: estar disposat a considerar com a real el que està més enllà del meu cànon de realitat, que sigui per a mi objecte de desig. He de ser capaç d'acceptar com a real el que ja no és objecte per a mi, animal vivent.

El desig és la pedra angular de tota la nostra construcció de la realitat, des de la perspectiva de la necessitat i, per tant, la pedra angular de la nostra construcció cognoscitiva i, per això mateix, de la nostra ignorància. Es comprèn la gran afirmació del Buda referint-se al desig:

«"Tu que construeixes la casa!, t'he descobert, no em faràs una nova casa, totes les teves bigues han estat trencades i el sostre destruït;

la meva ment s'ha despullat de tot allò que produeix l'existència (*sankhara*) i ha aconseguit la destrucció dels desitjos"»[158].

Cada criatura està indissolublement lligada a la seva necessitat.

«La seva necessitat —diu Rumi— està més a prop que el seu pare i que la seva mare, i a ella està unit. La seva necessitat és com una cadena, com una brida que l'estira d'aquí cap allà»[159].

L'ésser humà, per tant, és presoner de la seva necessitat. I en ella està pres, no sols el que podríem dir la seva naturalesa concupiscent, sinó també la seva imaginació, la seva mateixa raó i la totalitat de la seva capacitat cognoscitiva. Per conseqüent, la necessitat captura l'humà des de les seves percepcions, les seves sensacions, les seves apetències, la seva sensibilitat fosca i la seva sensibilitat noble, la seva raó; totes les seves facultats l'empresonen, perquè totes estan modelades i conduïdes pel desig, que és la necessitat.

La condició humana mateixa obstaculitza el coneixement complet. Un savi ha dit: «La revelació és la retirada dels vels de la condició humana... I l'ocultació és que la condició humana obstaculitza la teva presa de consciència del Món ocult».

La condició humana, quan suposa la total i completa immersió de les nostres capacitats cognoscitives en la necessitat, obstaculitza l'accés a un coneixement que ja no és segons la necessitat.

Hem de morir moltes vegades i viure moltes vegades abans d'haver-nos despullat per complet del que és la nostra condició humana: veure només el que satisfà la nostra necessitat, buscar només el nostre profit, encara que aquest profit pugui arribar a ser cada vegada més i més noble, més i més subtil. El desig, a mesura que es veu forçat a retirar-se de terrenys més concrets i crassos, es va reencarnant sempre en formes més i més subtils. «La veritable reencarnació existeix en aquesta mateixa vida»[160].

---

158 DHAMMAPADA (XI, 154), p. 155.
159 RUMÍ, *Fihi-ma-Fihi*, p. 170.
160 DAISHI, Y., *op. cit.*, p. 116.

«El veritable enemic és la ignorància de la pròpia ignorància»[161]. Ignorar qui genera la ignorància resulta ser un enemic invencible. Es comprèn el crit de goig del Buda: «T'he conegut, constructor, el desig!»

El desig insatisfet, la indolència i el llanguiment per caminar per on no hi hagi objectes de desig, i el dubte, que és l'escepticisme respecte del que, no sent objecte dels meus desitjos, pugui anomenar-se realitat, fan que fins i tot els qui han pres la decisió de caminar per la sendera del coneixement complet tinguin llàstima de si mateixos, es compadeixin a si mateixos. Aquesta autocompassió justifica que no ens arrenquem dels objectes del desig amb vigor; justifica la nostra desídia en la sendera.

Tenir llàstima de si mateix és un dels grans obstacles per al coneixement. Compadir-se a si mateix amaga moltes actituds que impedeixen el coneixement. Diu Don Juan: «Els éssers humans estan amarats en misteri, estem amarats en les tenebres, en l'inexplicable. Si ens considerem a nosaltres mateixos amb qualsevol altra terminologia, som uns imbècils o estem bojos. Per tant, no deshonris el misteri humà sentint llàstima de tu mateix o mirant de raonar aquest misteri»[162].

Hem vist que la indolència és un gran enemic del coneixement, però també ho és la imprudència, perquè neix d'una actitud en la qual l'individu es dona importància; neix de la importància personal.

Mentre hi hagi un àtom d'importància personal, roman el generador de desigs i, per tant, d'ignorància[163].

La por, una altra de les cares del desig, és un altre dels obstacles capitals del coneixement. Només l'ego de desigs pot témer. Només qui desitja té por de no aconseguir el que considera una necessitat imprescindible. Només el necessitat tem. Mentre hi hagi por, hi ha desig. Així doncs, la por manifesta la presència de l'enemic central del coneixement: el desig.

---

161 SHAH, I., *Les souis et l' ésotérisme*, p. 223.
162 CASTANEDA, C., *El fuego interno*, p. 223.
163 *Ibid.*, p. 203.

Caminar per la sendera va acompanyat indefectiblement de por. Un ha d'endinsar-se per una realitat que no està construïda segons el seu cànon; per una realitat que no respon al que considerem que són les nostres necessitats.

La sendera suposa atrevir-se a caminar per la completa estranyesa, per on no hi ha res a dur-se a la boca ni res de què viure. Aquesta total estranyesa i nuesa, aquest buit, és el que és anomenat Vida, Realitat, Veritat. Quan s'ha caminat un tros del camí, la por és radical, mortal. Si se supera la por, neix la claredat, perquè s'ha pogut accedir al massiu convenciment i certesa d'aquesta altra faç del real que, sense ser aliment ni objecte de desig, satisfà.

Aquesta claredat, com hem vist en una altra ocasió, és ara l'enemic. Qui té claredat té poder. Qui té poder pot caure en la temptació d'utilitzar-ho en el seu propi profit, d'una forma o una altra. Si ho fa, torna a recaure en l'ego, que genera les apetències i la ignorància[164].

Queda un altre gran enemic que esmentar, un dels més subtils potser: la temptació de gaudir, posseir i concretar el suprem. La temptació de sacralitzar una figuració de la Veritat, una concreció del coneixement, per estalviar-se així la seva terrible nuesa, la seva profunditat sense fi, la seva estranyesa inenarrable.

En el camí infinit del coneixement, en cada tombant, es presenta la temptació d'alleujar la insuportable subtilesa de la realitat, d'alleujar la seva terrible plenitud totalment buida, la seva presència sempre i sempre creixent en el si d'una absència cada vegada més absent de tot el que, per als nostres criteris humans, és presència i realitat.

«Al·là és el subtil del subtil», diu l'Alcorà. Res ha de retenir-nos en aquest camí, que és una immersió sense fi en el subtil, que és endinsar-se en una certesa cada vegada més massiva, però cada vegada més estranya i buida.

164 CASTANEDA, C., *Las enseñanzas de Don Juan*, p. 108.

Els Mestres zen són extremadament radicals en els seus consells per a obviar aquest obstacle: «Si el Buda arriba, doneu-li vint cops de bastó»[165].

---

165 DAISHI, Y., *Shodoka: el Canto del inmediato Satori*, p. 223.

7

La meditació
com a mitjà d'accés
al coneixement complet

Dhyana consisteix a concentrar-se en un sol pensament excloent tots els altres. Es practica per a obtenir la pau mental que implica l'absència de pertorbacions provocades pels remolins de pensaments. Si no hi ha pau mental, no pot haver-hi coneixement i la pau mental només la procura dhyana. Així és que, de totes les pràctiques espirituals, la més important és *dhyana*[166].

Però el coneixement no s'obté només amb la ment: la consciència és corporal i l'estat de consciència depèn de la situació del cos. No sols la ment és consciència; també el cos és consciència i coneixement. Així és que el pensament influeix sobre l'actitud del cos i el cos influeix sobre el pensament. La imbricació és completa. D'aquí ve que la pràctica de la meditació, de la concentració, ha d'implicar el cos com el cos implica la ment.

Aquest és el fonament de l'actitud respecte al cos del ioga, del budisme i de la pràctica zazen en el zen. La immobilització del cos condueix a la serenitat i, d'aquí, a la consciència[167].

No obstant això, amb immobilització del cos o sense ella, el que cal comprendre amb claredat és, que sigui com sigui la forma de la meditació, l'essencial és que condueixi a la quietud interior i, des d'aquí, a l'atenció, la presa de consciència, l'observació, la lucidesa[168].

---

166 MAHARSHI, R., *L'enseignement de Ramana Maharshi,* p. 316.

167 DESHIMARU, T., *La práctica de la concentración,* p. 117.

168 RAHULA, W., *L'enseignement du Bouddha,* p. 100.

Mitjançant la concentració, l'observació i la lucidesa des del si de la quietud, la ment es fa subtil. Sense una ment extremadament subtil no es pot arribar a conèixer «això altre», perquè estem habituats a captar només l'extern, el que ens serveix.

Si no la «subtilitzem», la nostra ment es manté només com a instrument de servitud, perquè espontàniament només la modela la necessitat.

«Només algú desapassionat i imparcial pot aconseguir el *Samadhi* (la pau completa i la lucidesa), i només qui aconsegueix el *Samadhi* obté un estat constant d'experiència i realització»[169].

Només el pacífic és capaç d'afinar-se per captar el subtil i només qui capta el subtil, encara que sigui de manera incipient, es subtilitza prou com per ser capaç d'una quietud tal que li permeti un estat constant d'experiència d'això mateix subtil.

Per accedir al coneixement es requereix quietud, concentració, perfecta vigilància, imparcialitat.

Dhyana, la quietud concentrada i lúcida, és no lligar-se al món conceptual, a idees; és no lligar-se a la puresa ni preocupar-se d'estar immòbil.

No es lliga ni a concepcions, ni a pràctiques, ni a mètodes. *Dhyana* és no estar envaït per les coses, és no tenir cap pensament suscitat per les circumstàncies exteriors de la vida, bones o dolentes.

Dhyana és imparcialitat i impassibilitat, perquè pretén ser només lucidesa-testimoni.

Dhyana és veure interiorment en la pròpia naturalesa, veure la seva immutabilitat profunda.

És estar lliure pel que fa a la noció de forma; no que un s'allunyi de la forma, sinó que n'està lliure.

---

169 SHANKARA, *La joya suprema del discernimiento*, p. 103.

És estar lliure de tota torbació, perquè s'està lliure en relació a tota forma[170].

El coneixement exigeix no lligar-se a valors absoluts que es mantenen per por que alguna cosa ens agafi per sorpresa. L'essència de la vida radica en el moviment, en la relativitat de tot, en el constant canvi, en el sorgir constant de l'inesperat i, fins i tot, del desconegut.

Per culpa de la ignorància —generada pel temor i, en definitiva, pel desig— es dona en cada humà una resistència feroç a acceptar la vida com és: un constant fluir imprevisible, en el qual no podem lligar-nos a cap forma, sinó que hem d'adaptar-nos-hi sempre voluntàriament i al seu constant canvi.

Tot és continu fluir de formes interdependents i de res serveix intentar fixar aquest moviment i absolutitzar aquesta relativitat amb etiquetes.

Els pensaments, les paraules, són etiquetes.

Es tracta de meditar prescindint, en la mesura del possible, de l'ús de paraules. Amb aquest exercici —meditar sense paraules—, la ment s'acostumarà a veure totes les coses tal com són, sense referir-se per a res a «l'etiqueta» que puguin dur en un moment donat[171].

El Buda formula explícitament la dependència de l'adquisició del coneixement de la consecució d'aquest estat de quietud, vigilància i lucidesa que anomenem «concentració» o *dhyana* o «meditació».

«De la concentració de la ment (ioga) brolla el coneixement; de la falta de concentració (a-ioga), la destrucció del coneixement. Coneixent aquests dos camins que condueixen l'un a l'existència, l'altre a la no-existència, dirigeixi's de tal manera que el seu coneixement s'acreixi»[172].

---

170 SUZUKI, D.T., *Le non-mental selon la pensée zen*, p. 50.

171 HUMPHREYS, C., *Concentración y meditación*, p. 134-135.

172 DHAMMAPADA (XX, 282), p. 191.

Observi's que per al Buda el coneixement és equivalent a l'existència. Per a ell, l'ésser humà és coneixement, tot el seu existir és conèixer i allunyar-se de conèixer és allunyar-se de l'existència.

És sorprenent la radical modernitat dels grans!

El que en les tradicions cristiana i musulmana es diu «pregària» pot diferir, en la seva forma, de la concentració, meditació, *dhyana*, etc., però no difereix en el seu fons. Ja deia Gregori Palamàs que «la pregària sense distracció és la més alta intel·lecció de la intel·ligència»[173].

La pregària és aquietament, és desaferrament, és concentració, és vigilància, lucidesa i coneixement.

Anant més enrere en el temps, ja Isaac de Nínive deia que «el silenci de qui viu en la igualtat d'ànim és una pregària»[174].

La pregària i la concentració condueixen al coneixement de la forma i de la no-forma, dels fenòmens i del que en ells s'hi diu del moviment i del no-moviment; i tot això, no com dues coses.

Mitjançant la concentració es coneix la vacuïtat de totes les coses i la plenitud de la vacuïtat.

Qui coneix així totes les coses i hi actua d'acord, aquest és savi.

«Quan una ment enterament instruïda en la vacuïtat de totes les coses es troba davant de les formes, comprèn de seguida la seva vacuïtat. Per a ella, aquesta vacuïtat és allà tot el temps, tant si es troba davant de formes com si no, tant si parla com si no, tant si discrimina com si no. Això s'aplica a tot el que sorgeix de la nostra vista, de la nostra audició, de la nostra memòria, de la nostra consciència en general. Per què és, això, així? Perquè totes les coses, en la seva naturalesa pròpia, són buides. Quan tot està buit, no es produeix cap inclinació; i a aquesta no-inclinació hi correspon un ús simultani de *Dhyana* (la concentració) i *Prajna* (la saviesa). El budisme sap sempre com fer Ús del Buit i per aquí

---

173 MEYENDORFF, J., St. Grégoire Palamas et la mystique orthodoxe, p. 20.
174 FILOCALIA, p. 59.

aconsegueix l'Últim. Per això es diu que la unitat de *Dhyana* i de *Prajna* significa l'Alliberament»[175].

Quan s'està lúcid i vigilant des del si de la completa quietud, sense meta, sense buscar res en profit propi, això és veritable puresa, veritable força. Aquesta actitud condueix directament al coneixement[176].

La concentració, la meditació o la pregària, tal com les hem exposat, valen més que el culte per obtenir el coneixement.

«L'enviat de Déu (Mahoma) va dir: "Una hora de meditació val més que setanta anys de pràctiques de culte!" El Xeic Farid- ud-Din Attar va dir: "És necessari recordar-se de Déu, a fi que neixi la meditació. I que ella aporti cent mil subtileses noves. Ja que l'obra consisteix en l'obra de la meditació. Ella val més que setanta anys de pràctiques de culte"»[177].

Així resumeix Gregori Palamàs el mètode de pregària que podríem nosaltres anomenar el camí al coneixement: roman assegut en el silenci i la solitud, inclina el cap, tanca els ulls, respira més dolçament, mira per la imaginació a l'interior del teu cor, reunifica la teva intel·ligència, és a dir, el teu pensament, condueix-lo del teu cap al teu cor...[178]

---

175 SUZUKI, D.T., *Le non-mental selon la pensée zen*, p. 71.

176 DAISHI, Y., *Shodoka: el Canto del inmediato Satori*, p. 134.

177 RUMI, *Fihi-ma-Fihi*, p. 84.

178 MEYENDORFF, J.,*Saint Grégoire Palamas et la mystique ortodoxe*, p. 170.

8
Aspectes del coneixement

a) El coneixement que arrenca del jo

Diu Ramana Maharshi: «Allò mental no és més que una massa de pensaments. Els pensaments sorgeixen perquè hi ha un pensador, és a dir, un jo, un ego. Si es busca l'ego, desapareix automàticament. El jo i el mental són la mateixa cosa. L'ego és l'arrel mateixa d'on sorgeixen tots els pensaments»[179].

El mental, l'ego, no és més que un agregat de diversos factors.

El Buda i molts altres Mestres ens han ensenyat qui és el constructor de l'ego, quina és la «cola» que lliga aquests diversos factors, la «cola» que amalgama aquesta massa de pensament: el desig, la necessitat. Aquest és el constructor que cal conèixer per discernir els caràcters de la seva construcció.

Si la necessitat és el constructor, si els pensaments brollen i estan modelats pel desig, llavors «els pensaments...: heus aquí l'enemic»[180].

El pensament crea el món i tota creació és una creació de la necessitat. Si cessa el pensament, cessa la creació de la necessitat.

Com estem immersos, identificats amb les nostres necessitats, «el nostre esperit està replet de pensaments i un sol pensament conté deu milions d'il·lusions, diuen els *sutres*»[181].

---

179 MAHARSHI, R., L'enseignement de Ramana Maharshi, p . 149.
180 *Ibid.*,p. 276.
181 DAISHI, Y., *Shodoka: el Canto del inmediato Satori*, p. 138.

Rumi deia: «No em deixis que me les tingui amb els pensaments, perquè els pensaments són devoradors»[182].

La ment afaiçona la realitat a la mesura de la meva necessitat i de la meva apetència. Com que la ment serveix a la meva necessitat i no al coneixement d'«això d'aquí», es comprenen les dures paraules de la tradició budista: «La ment és el gran assassí del que és Real. Aprengui el deixeble a matar l'assassí»[183].

A l'Alcorà s'expressa la mateixa idea: el nostre enteniment, el nostre coneixement posat al servei de la necessitat, el nostre coneixement brollant com a instrument del desig, desmenteix tot allò que no entra en els seus paràmetres. «El dia en què, de cada nació, reunim i distribuïm en grups als qui desmenteixen les nostres aleies (signes, missatges), quan arribin al lloc del Judici, Déu els dirà: "Vau desmentir les meves aleies quan no les abastàveu amb l'enteniment"»[184].

Per aquesta raó, Rumi adverteix que, si no es mor al desig, no s'adquireix el veritable saber, el saber complet. Cal morir abans de morir per poder conèixer. «La ciència que pot adquirir-se en aquest món concerneix els cossos; la que pot obtenir-se després de la mort concerneix la Religió»[185].

El que ell entén com a saber del cos és el saber de la necessitat; el saber que s'adquireix després de morir és el saber de la gratuïtat, el de la ment purament testimoni. La diferència entre el valor d'un i l'altre coneixement no té mesura: «Els sentiments (humans) en relació als estats espirituals (*ahwal*) dels dervixos són un joc i una pèrdua de vida»[186].

Un pensament totalment enclaustrat en la necessitat, que no tingui més dimensions que la necessitat, genera la ignorància i és perillós per a altres.

---

182 RUMÍ, *Odes mystiques* (1045), p. 303.
183 HUMPHREYS, C., *Concentración y meditación*, p. 130.
184 CORÁN (XXVII, 85-86), p. 342.
185 RUMÍ, *Fihi-ma-ihi*, p. 270.
186 *Ibid.*, p. 181.

Un pensament que només sigui raó, que no desbordi les dimensions i els procediments de la raó, és nociu per al qui el té i perillós per als altres.

El pensament de raó, sobretot si és poderós, ha de generar-se i situar-se en un individu que tingui totes les seves facultats equilibrades; en cas contrari, és com el poder d'un aprenent de bruixot: serà capaç de desencadenar una força que després no podrà controlar. El poder que no es controla resulta perjudicial per a si i per als altres, si és que no s'empra directament per a la destrucció.

La història de la nostra civilització industrial és una perfecta il·lustració d'aquestes afirmacions.

I és que «...pensar no és la nostra veritable naturalesa»[187].

Pensar no és la naturalesa profunda de la nostra condició cognoscitiva. Hi ha un més enllà del pensar, que és conèixer, que és la nostra veritable naturalesa.

Quan cessa el pensar, quan es coneix distanciant-se del pensar, sorgeix el coneixement, que és joia i perfecta unitat[188].

b) El coneixement que arrenca des de més enllà del jo

Diu Don Juan que el Náhuatl —el que podríem dir el nostre costat misteriós— és aquesta part de nosaltres mateixos per a la qual no hi ha descripció, ni paraules, ni sentiments, ni coneixements[189]. Aquest costat misteriós i inefable de nosaltres mateixos és una dimensió de coneixement.

Els Mestres zen diuen que la nostra veritable naturalesa és el buit, ku, existència sense essència real[190]. Existència sense que aquest

---

187 MAHARSHI, R., *L'enseignement de Ramana Maharshi*, p. 141.

188 *Ibid.*, p. 276.

189 CASTANEDA, C., *Histoires de pouvoir*, p. 122.

190 DAISHI, Y., *Shodoka: el Canto del inmediato Satori*, p. 169.

existir sigui ser això o allò. I aquesta existència sense essència real és coneixement.

Ser veritablement humà és realitzar aquesta dimensió de misteri sense fons.

Els *Upanishad* i les Escriptures índies afirmen que els éssers humans no són més que animals mentre no han realitzat aquesta altra dimensió; i afegeixen que pot ser que fins i tot siguin pitjor que animals[191].

Don Juan diu que els humans tenim dos anells de poder: un primer anell, que és el poder que ens permet sobreviure en aquesta terra, i un segon anell, que es mou en un àmbit que ja no té res a veure amb la nostra supervivència. Aquests anells són anells de coneixement.

Del segon anell de poder en brolla un coneixement, des del nostre fons inefable, que recau sobre el misteri de tot això que ens envolta i sobre el nostre propi misteri. Cal esforçar-se per realitzar aquesta segona dimensió de coneixement, perquè pot quedar descartada o, tal vegada, arxivada, censurada per l'altra, la primera dimensió, la de la necessitat. Només circumstàncies especialment tenses o receptives poden provocar l'aixecament d'aquesta censura; llavors descobrim que tenim dues visions, dues lectures d'un mateix esdeveniment: una, modelada per la nostra necessitat; una altra, no modelada per la necessitat i copsada des del centre del nostre nucli misteriós de coneixement[192].

Aquest segon anell de coneixement no coneix a través de les idees. I pel que fa a elles, ni s'hi aferra ni se'n separa ; és sempre lliure en relació a elles[193]. «Hi ha vi a les copes, però no procedeix d'elles»[194].

---

191 DAISHI, Y., *Shodoka: el Canto del inmediato Satori,* p. 169.
192 CASTANEDA, C., *El segundo anillo de poder,* p. 270.
193 SUZUKI, D.T., *Essais sur le bouddhisme zen,* v. 3, p. 116.
194 RUMI, *El Masnavi,* p. 361.

En tots els fenòmens, i en un mateix, està contingut aquest altre costat misteriós i inefable; però Això no procedeix dels fenòmens ni d'un mateix.

Igualment, en qui coneix amb idees hi ha un costat misteriós de coneixement que no procedeix de les idees. Des d'aquest nivell veu moltes copes, amb moltes formes, però un sol vi. Des d'aquest nivell, «cada cosa és solament una, una sola cosa és cada cosa».

El coneixement que brolla des del misteri, ho fa des del repòs interior i des de la no-por; aquest coneixement s'allibera del nivell en el qual encara cal dir: «aquell és el món», «aquest soc jo»[195].

El coneixement del segon anell brolla des del fons del no pensament. El Mestre Dogen, en el *Fukanzazengi*, deia:

«Si us plau, penseu des del fons del no-pensament. No penseu des del fons del pensament. Aquest és el secret zen»[196]. «I com es pensa sense pensar? Com no pensar pensant? Més enllà del pensament»[197].

Aquest pensament, per la seva mateixa naturalesa, no es pot explicar, però s'hi pot apuntar i es pot aprendre per la pràctica.

Aquest coneixement no s'interessa per les preguntes o les respostes metafísiques; no versa sobre això. Aquest conèixer real, que és conèixer i vibració de tot l'ésser, però que no es tradueix en formulacions, l'expressa preciosament un text sufí:

«Si li diuen: "¿Ets o no ets; tens o no el sentiment de l'existència; estàs en el centre o no hi estàs, o estàs a la vora; estàs visible o amagat; ets perible o immortal; ets l'un i l'altre o no ets ni l'un ni l'altre; en fi, existeixes o no existeixes?" respondrà positivament: "Jo no en sé res, ho ignoro i m'ignoro a mi mateix. Estic enamorat, però no sé de qui; no soc ni fidel ni infidel. Què soc, doncs? Fins

195 VALMIKI, *El mundo está en el alma*, p. 39.
196 DESHIMARU, T., *La práctica de la concentración,* p. 11.
197 *lbid*., p. 243.

i tot ignoro el meu amor; tinc el cor ple i, al mateix temps, buit d'amor"»[198].

Aquest coneixement és real i, per la força de la seva realitat, és mut.

«Qui coneix Déu és mut», diu un mestre sufí[199].

Ja hem vist en un altre context que aquest conèixer arrenca de més enllà del jo. Per això s'obté després de morir, però d'aquesta mort que s'obté abans de morir[200].

Aquest coneixement de les profunditats no és un coneixement teòric; és un coneixement que és Presència-real, literalment «presencial», i contrasta amb un coneixement representatiu, és a dir, un conèixer que no aconsegueix el seu objecte més que per mitjà d'una forma que no és l'ésser, sinó la representació de l'ésser[201].

Aquest coneixement de les profunditats no és fruit d'una abstracció ni d'una representació; és un conèixer que no afegeix res al subjecte que coneix [202]; és un coneixement presencial, unitiu[203]. «Si vols veure-hi, veu directament en això; però, quan busques pensar en això, es perd per complet».

Usar el pensament per comprendre en aquesta mena de coneixement és com «col·locar un llum davant del sol pretenent veure'l amb la seva llum; però quina necessitat tenim del llum? És que el sol no es mostra per si mateix?»[204].

Diu Rumi en el mateix sentit: «Coneix que la ciència veritable és veure el foc directament, no la mera xerrada, deduint el foc pel fum»[205].

---

198 ATTAR, *El lenguaje de los pájaros*, p. 251.

199 NICHOLSON, R.A., *Los místicos del Islam*, p. 86.

200 RUMÍ, *Fihi-ma-Fihi*, p. 270 .

201 CORBIN, H., En *Islam iranien*, v. 2, p. 61.

202 *Ibid.*, p. 63.

203 *Ibid.*, p. 62.

204 I, *Fihi-ma-Fihi* , p. 25 .

205 RUMI, *El Masnavi*, p. 352.

I lbn Lliga' Allah diu: «El coneixement és visió, no ciència; ull, no paraula dita; contemplació, no descripció; descobriment, no vel»[206].

És una intuïció de certesa, és immediat i no deixa opció a cap interpretació[207].

No necessita interpretació per tenir força i realitat, no admet interpretació que s'interposi a la seva potència i meravella; escombra tota interpretació; qui, tenint-ho, s'entretindrà amb interpretacions?

La seva visió és més forta que qualsevol altra visió, més forta que la visió dels ulls. Res pot comparar-se-li en la seva capacitat de generar fermesa, certesa.

Aquest és el coneixement que coneix, dels éssers, Allò, Aquell, la qual cosa els fa veritablement éssers[208]. És l'ull del misteri que veu el misteri. En mi, el misteri insondable del cosmos adverteix, cobra consciència, coneix el misteri insondable del cosmos i se sap llum, epifania, lucidesa, consciència de si, unitat essencial, presència.

c) El coneixement racional

Advertia una vegada i una altra Don Juan a Carlos Castaneda: «Insisteixes a explicar tot com si el món sencer estigués fet de coses que poden explicar-se. ¿Alguna vegada se t'ha ocorregut que, en aquest món, només unes quantes coses poden explicar-se a la teva manera?»[209].

De fet, la racionalitat abasta només una petita porció de la totalitat cognoscitiva d'un mateix. Tenim molta, moltíssima més capacitat de coneixement que el que pot la nostra raó.

---

206 ATA'ALLAH, *Traité sur le nom Allah*, p. 190.
207 VITRAY-MEYEROVITCH, E., *Rumi et le soufisme*, p. 150.
208 PSEUDO-DENYS, *Oeuvres Completes*, p. 249.
209 CASTANEDA, C., *Una realidad aparte*, p. 146.

La raó és una cosa petita, conèixer no és encadenar-se a la raó. Cal conèixer que la raó no hi arriba i que comença quan s'ha comprès que, en realitat, no hi ha res a comprendre perquè el que s'ha de comprendre no és ni això ni allò[210].

Quan la raó pretén donar respostes a les preguntes profundes de la nostra existència, no pot fer-ho, perquè no és capaç de proporcionar el tipus de coneixement que satisfà la pregunta i la contesta amb certesa. Quan la raó s'obstina a contestar aquestes grans preguntes, o ens obstinem en que la raó les contesti, el resultat no pot ser un altre que un assumpte de fe, de credo. Només quan la resposta no satisfà la necessitat de certesa, només quan la resposta no elimina la pregunta mateixa, només quan no es genera una certesa massiva, hi ha necessitat de creure, de tenir fe en la resposta[211].

Si tot el coneixement que es té és només de raó, aquest coneixement és perillós per a un mateix i per als altres. El coneixement aconseguit únicament amb la raó és una força bruta incontrolada i destructora. El coneixement que només és fruit de la raó, sempre ha estat negatiu, per a si mateix i per a la societat, però en la societat que està venint encara més, és una qüestió que la col·lectivitat hauria d'impedir. El coneixement per la sola raó és el coneixement que conjunta el poder de les nostres ciències i tecnologies, però sense una direcció eficaç. On podrien conduir-nos aquests poders sense projectes clars del que cal fer de nosaltres mateixos com a humans i del que cal fer del planeta Terra i de tot el que conté?

Si només conrem els coneixements racionals, amb quins instruments cognoscitius crearem les nostres finalitats individuals i col·lectives, els nostres quadres axiològics? Amb quins instruments situarem el poder de les nostres ciències i tecnologies en el si del misteri de l'existència, al servei de la lucidesa i no del domini, de l'amor i del respecte i no de l'explotació?

---

210 *Ibid.*, p. 299.
211 CASTANEDA, C., *El fuego interno*, p. 57.

No sols la nostra ment pot estar mediatitzada i filtrada per la raó; també pot estar-ho la nostra sensibilitat. La nostra raó pot reprimir i censurar la nostra capacitat cognoscitiva de les profunditats. Fins i tot el nostre cos ha de desprendre's de l'encadenament a la racionalitat, si volem arribar a conèixer amb la totalitat de nosaltres mateixos, amb la totalitat de la nostra capacitat cognoscitiva[212].

Conèixer no equival a entendre-ho tot segons els motlles de la raó. Això ni tan sols és possible; però, a més, insistir en això és «no tenir en compte tot el que correspon a l'ésser humà»[213]; és deixar fora del nostre treball molt del que és propi de la nostra naturalesa cognoscitiva.

Rumi adverteix els seus deixebles en relació a aquesta utilització parcial de la nostra capacitat cognoscitiva: «Guardeu-vos de dir que heu comprès!, ja que, per més que hàgiu entès i registrat, esteu lluny de comprendre. Entendre no és comprendre. Les teves calamitats, la teva desgràcia i la teva privació provenen d'aquest encadenament; són per a tu una trava, i és necessari escapar-te per a ésser»[214].

«Transformar aquesta meravella d'aquí en raonament no serveix estrictament per a res. Aquí, al voltant nostre, es troba l'eternitat mateixa. Intentar reduir-la a una absurditat manipulable és no solament mesquí, sinó, a més, francament desastrós»[215].

Limitar-se exclusivament a l'inventari de la realitat que és capaç de fer la raó és un greu error. L'inventari que fa la raó ens torna invulnerables al misteri. Precisament per això existeix l'inventari[216]. L'inventari és una protecció del nostre mode col·lectiu i individual de vida i és, sobretot, una protecció contra el misteri insondable que ens envolta. Viure fora d'un inventari restringit de coses familiars és massa paorós, massa arriscat; per això ho evitem.

---

212 CASTANEDA,C.,*El segundo anillo de poder*, p. 94.

213 CASTANEDA,C.,*Una realidad aparte*, p. 296.

214 RUMI, *Fihi-ma-Fihi* , p. 147

215 CASTANEDA, C., *Histoires de pouvoir*, p. 38.

216 CASTANEDA, C., *El fuego interno*, p. 140 y 100.

N'hi ha prou amb només albirar l'eternitat, el misteri que queda fora del capoll del nostre inventari, per a trencar la seguretat d'aquest inventari[217].

Deia lbn 'Ata: «La raó és l'útil de treball de la nostra servitud, no il·lumina el diví»[218].

La raó és un útil del nostre sistema de supervivència. Aquí resideix la seva limitació i el seu poder.

No cal deshonrar el misteri humà intentant raonar aquest misteri[219].

Per arribar a un coneixement que impliqui la totalitat de les nostres facultats cognoscitives i es dirigeixi a tota la realitat que hi ha aquí, la raó no pot ser la guia. Hi ha dimensions del coneixement que la raó no comprèn, que se li escapen, perquè no pot manejar-les; i, al no poder ni manejar-les ni orientar-se en aquestes dimensions, acaba preguntant-se si realment existeixen.

Ja deia Hallaj: «Aquell que, tenint set de Déu, pren la raó per guia, es queda rumiant en la perplexitat en què la raó el deixa agitar-se. Els seus estats de consciència llangueixen en l'equívoc, i ell es pregunta, perplex: "Existeix Ell?"»[220].

La raó ha de buscar i arribar tan lluny com pugui; el seu paper és iniciar i esbrossar el camí. La raó, incessantment, nit i dia, està inquieta i turmentada per l'esforç i la temptativa d'aconseguir el coneixement complet. Però la raó és com la papallona i el coneixement complet és com la flama. Quan la papallona es llança sobre la flama, es crema i s'aniquila. El coneixement complet, el coneixement de Déu, diu Rumi, és la flama que crema, abrasa i aniquila la raó per donar pas a una altra manera de conèixer, que, encara que no sigui a la mesura de la

---

217 *Ibid.*, p. 123.
218 VITRAY-MEYEROVITCH, E., *Mystique et poésie en Islam*, p. 121.
219 CASTANEDA, c., *El fuego interno*, p. 223.
220 HALLAJ, H.M., *Dîwân* (LXVI), p. 120.

raó, no deixa de ser conèixer[221]. Amb una altra imatge diu el mateix Rumi: «La raó és bona i desitjable fins que et fa arribar a la porta del Rei. Quan hagis arribat, repudia-la, ja que, com un bandoler, la raó t'és perjudicial i nociva. Quan arribes a Ell, abandona't a Ell, no tens res a fer amb el "com" i el "per què"»[222].

La força, la presència i la immediatesa del coneixement fan que ja no tinguin sentit, que ja no serveixin per a res, si no és per destorbar, les preguntes de la raó del «com» i el «per què».

El «com» i el «per què» estan en l'ordre de la representació, de l'abstracció, de la mediació, o, fins i tot, de la vehiculació; quin sentit té tot això quan hi són la presència, la unió, la immediatesa, la lucidesa i claredat? Obstinar-se a mantenir l'actitud cognoscitiva de la raó seria obstinar-se a mantenir la distància, l'allunyament.

La raó ha de cremar-se en el foc de la proximitat, no perquè el coneixement que sorgeixi sigui irracional, sinó perquè la immediatesa abrasa, aniquila la mediació.

Es comprèn que tot ús que es faci de la raó, que sigui útil en el camí cap al coneixement complet, ha de conduir a resultats concrets i palpables respecte a aquest coneixement complet. «Una prova que no comporta resultat i efecte és una vana aspiració...»[223].

«La veritat divina (*Haqq*) és més evident que el sol. Qui busca una explicació després de la visió pateix una pèrdua. Déu l'Altíssim és més manifest i més aparent que el sol. Qui busca un argument i un testimoniatge en relació a l'existència d'aquest sol diví, és submergit en la desgràcia, és com un cec de naixement: el seu sofriment i la seva malaltia no tenen cap remei ni curació»[224].

---

221 RUMI, *Fihi-ma-Fihi*, p. 57.

222 *Ibid*., p. 147.

223 VITRAY-MEYEROVITCH, E., *Rumi et le soufisme,* p. 149.

224 RUMI, *Fihi-ma-Fihi*, p. 70-71.

9
El coneixement complet

Per als Mestres de saviesa, el coneixement té una importància summa; i quan parlen de coneixement, parlen d'un coneixement complet, no de mera raó.

En aquest sentit cal interpretar la dita de Mahoma:

«Qualsevol que vagi a la recerca del coneixement, Déu li farà fàcil el camí del Paradís; el savi camina per la via de Déu; la superioritat del savi sobre la persona només piadosa és comparable a la superioritat de la lluna plena sobre els altres astres; la tinta dels savis és més preciosa que la sang dels màrtirs»[225].

Els mestres zen sostenen que, per exercitar-se adequadament en el zen, el deixeble ha d'obrir-se a un esperit d'indagació, perquè, segons quina sigui la força de l'esperit d'indagació, així serà la fondària de la il·luminació[226].

Però aquest esperit d'indagació ha d'exercitar-se fent intervenir totes les facetes cognoscitives del nostre ésser; si la indagació es limita a només entendre i explicar, es fa parcial el coneixement, es mutila; no es té en compte tot el que correspon a l'ésser humà com a ésser cognoscitiu.

La nostra capacitat cognoscitiva és més gran i més palesa que la nostra màquina de pensar; és més profunda i completa que el pensar que arrenca de l'ego, les seves paraules i la seva lògica; hi ha un conèixer que neix des de més enllà de l'ego; hi ha un conèixer que neix des de l'abisme de la pròpia interioritat, des del silenci, des de la impersonalitat, que està més enllà del jo i les seves paraules.

225 ASAD, M., *Le chemin de La Mecque*, p. 178.
226 SUZUKI, D.T., *Ensayos sobre budismo zen*, v. 2, p. 113.

El coneixement complet és el que enrola totes les nostres potencialitats cognoscitives: les que nosaltres mateixos som capaços d'explicar-nos i comprendre i les que se situen més enllà de les nostres capacitats de comprensió, però que són aquí i actuen, brollant de les profunditats, quan es posen les condicions adequades.

Hem d'emprar la totalitat de les nostres potencialitats cognoscitives per conèixer la veritat completa.

Deia Don Juan: «...per entrar a l'altre món, cal estar complet...»[227].

El coneixement complet entra a l'altre món. I per a aconseguir aquest coneixement complet, que és entrar a l'altre món, cal estar complet, és a dir, cal utilitzar totes les nostres capacitats. Qui només en faci servir una part, no entra a l'altre món.

No s'accedeix al que tradicionalment s'ha anomenat experiència religiosa —que podríem anomenar, en aquest context, coneixement complet— si no és encertat a utilitzar totes les nostres dimensions cognoscitives.

Per tant, iniciar el camí de l'experiència religiosa o de saviesa, iniciar el camí del coneixement totalitari, és iniciar la utilització de totes les nostres capacitats cognoscitives.

«...no es pot arribar a la totalitat de si mateix més que quan s'ha comprès definitivament que el món no és més que una representació, sigui la de l'humà normal i corrent o la del bruixot»[228].

Un comença a posar-se en camí cap a la totalitat de si mateix quan comença a comprendre, primer, que el que ell té per realitat és només una construcció en la qual ha intervingut una part de si mateix, però que hi ha més que aquesta construcció; i, segon, que cal mobilitzar totes les forces interiors i exteriors capaces d'accedir a aquest *més*, que ja no és la meva construcció, però que és aquí.

227 CASTANEDA, C., *El segundo anillo de poder,* p. 136.
228 CASTANEDA,C.,*Histoires de pouvoir*, p. 233.

Cal comprendre, a més, que el món és una representació, una interpretació. Això val tant en relació a allò que anomenem la «vida quotidiana» com en relació a la interpretació de les formes superiors de coneixement; i, fins i tot, val per la mateixa religió com a sistema de representació.

Quan s'ha comprès plenament que el món és una construcció i s'ha comprès fins i tot amb el cos, perquè s'ha arribat a despertar la totalitat de si mateix, llavors es pot conèixer «això altre d'aquí», que també jo mateix soc, i que no és la meva construcció.

Així doncs, podem concloure: iniciar el camí del coneixement complet, iniciar l'experiència de saviesa, és iniciar la comprensió que el món és una construcció, una representació, una interpretació.

Iniciar el camí del coneixement complet, l'experiència de saviesa, és iniciar el camí del coneixement des de la totalitat de si mateix.

a) Perills que comporta l'aparició del coneixement complet

Hem parlat del que eren obstacles al coneixement; ara hem de parlar, no dels obstacles que bloquegen el coneixement, sinó dels riscos que, per al vivent humà, apareixen quan es presenta el coneixement complet.

Vivim immersos únicament en una petita porció de la nostra pròpia totalitat. Vivim en el món familiar construït per la nostra raó.

Quan comencem a recuperar la totalitat de nosaltres mateixos, ens endinsem en un món de realitat desconegut que pot produir un impacte arrasador. Cal preparar-se per a aquest xoc; cal despertar els recursos capaços d'assimilar aquest món desconegut de realitats[229].

Ja hem comentat que albirar l'eternitat i el misteri que queda fora de l'inventari de la nostra raó, pot destrossar el nostre «capoll» protector.

---

229 CASTANEDA, C., *El segundo anillo de poder*, p. 88.

L'inventari és una construcció per poder sobreviure eficaçment en el mitjà, però és també una protecció.

Si el coneixement fa saltar a trossos aquest «capoll» protector, la desmesura del misteri de la realitat, no feta a la nostra mesura, pot envair-nos com una tenebra insuportable.

La llum excessiva pot convertir-se en la més terrible de les tenebres.

Adverteix Don Juan que cal estar preparat per a aquest coneixement aclaparador; en cas contrari, la destrucció del «capoll» protector pot provocar una melancolia tan intensa que porti a la mort[230].

El mateix Don Juan diu que «en el camí del coneixement hi ha perills incalculables per als qui manquen de sobrietat i serenitat»[231].

I cal tenir molt present aquest advertiment quan s'ha comprès que la qüestió religiosa és una qüestió de coneixement, i coneixement complet.

Iniciar a la religió com a saviesa és iniciar a una mena de coneixements que, si no es manegen amb sobrietat i serenitat, poden comportar riscos molt seriosos per als pobres animals que som.

b) Facultats que intervenen en el coneixement

Aquí no parlarem de la intel·ligència en el seu doble aspecte: el de la raó —el del conèixer que arrenca del jo, que s'expressa en formes i en paraules i que és instrument de la nostra supervivència— i l'altre nivell més profund, el nivell impersonal del coneixement —el que se situa més enllà del jo, el que coneix des del silenci, el conèixer testimoni que no cerca res—.

---

230 CASTANEDA,C.,*El fuego interno*, p. 123.
231 *Ibíd.*, p. 75.

Considerem que ja hem diferenciat prou aquesta doble modalitat d'ús del que anomenem «intel·ligència». Ens fixarem ara en altres aspectes, en altres facultats de la nostra activitat cognoscitiva.

Diu Rumi: «L'essencial és la intenció; la resta no és més que mal de cap»[232].

Què és la intenció? La intenció és la polarització de les nostres facultats cognoscitives. La polarització és orientació. Si polaritzem convenientment les nostres facultats, ja no hi ha res més a fer.

Hi ha alguna cosa que orienta i una cosa orientada? El mateix orientar-se no és ja cognoscitiu?

Respecte al treball d'indagació d'un koan, es diu en el zen:

«En l'exercici koan es va emprar moltíssim la paraula "concentració"; però, de fet, la concentració no és el principal, encara que se segueixi inevitablement. L'essencial en l'exercici, és la voluntat de penetrar en el significat —ara com ara no tenim una expressió apropiada— del koan. Quan la voluntat o l'esperit d'indagació és fort i constantment actiu, el koan es manté necessàriament sense interrupció, davant l'ull, i tots els altres pensaments que no són poderosos són naturalment escombrats del camp de la consciència»[233].

El paràgraf anterior ens parla de la voluntat de penetrar, de l'esperit d'indagació fort i constantment actiu.

El coneixement és capaç d'enfocar-se com un raig de llum; és com una força que s'orienta, es posa en moviment, s'accelera, penetra, es fixa...

Aquesta mateixa orientació de la llum i aquesta polarització i fixació és ja conèixer; no actuaria així si no fos conèixer.

Serà més fàcil comprendre el caràcter cognoscitiu de la «intenció», de la «tensió», de l'«orientació», la «fixació», la «concentració», etc., si

232 RUMÍ, Fihi-ma-Fihi, p. 116.
233 SUZUKI, D.T., Ensayos sobre budismo zen, v. 2, p. 125.

no identifiquem «conèixer» amb «representar». Si entenem «conèixer» com «representar», llavors hi ha diferenciació entre la decisió d'anar a conèixer i la representació. Si hi ha una actitud cognoscitiva que no té res a veure amb representar, llavors l'acte de conèixer és com la llum: enfocar és il·luminar; il·luminar és enfocar.

En aquesta direcció va l'afirmació de Don Juan: «El que un bruixot anomena voluntat és una força que ve de dins i es connecta al món de fora»

La voluntat, doncs, és una cosa que sorgeix de la profunditat i es connecta a això que cal conèixer. El «connectar-se» no és apoderar-se, sinó «compenetrar-se». I aquest compenetrar-se és conèixer. Diu explícitament: «Un bruixot usa la seva voluntat per percebre el món».

Aquesta força «percep». Aquest percebre no és representar, sinó penetrar a l'interior del que es percep. «Quan percebem el món amb la voluntat, sabem que no està tan allà ni és tan real com pensem».

Podria dir-se que el que anomenem voluntat és la força, el poder, l'orientació del coneixement; i el que anomenem conèixer, veure, és el travessar, el compenetrar-se. Estem parlant del conèixer que no és representació[234].

Estem investigant i aclarint el que s'entén per coneixement complet. Fem un pas més: «Només un home de coneixement percep el món amb els seus sentiments i amb la seva voluntat i també amb el seu veure-hi»[235].

El poder de l'orientació de la força cognoscitiva (la voluntat), la vibració d'aquesta llum que coneix (el sentiment) i el penetrar (el conèixer) són aspectes diversos del conèixer complet.

El conèixer no complet —el de la raó, per exemple— no requereix unificar tots aquests factors. Pot no manifestar-se com a força, pot no vibrar, pot simplement representar, no penetrar. Pot, a més, presentar

234 CASTANEDA, C., *Una realidad aparte*, p. 171.
235 CASTANEDA, C., *Una realidad aparte*, p. 172.

aquests tres aspectes en successió: decideix conèixer, coneix, es commou.

Quan en el budisme es parla d'«il·luminació», tendim a considerar únicament el seu aspecte cognoscitiu i oblidem la presència d'un immens poder del voler, un poder que estructura l'essència íntegra de l'individu[236].

Diu Suzuki, parlant en occidental, que la il·luminació és un acte intuïtiu nascut de la voluntat.

És una bona manera d'expressar la complexitat del fenomen partint de la divisió de facultats. Crec jo que seria millor dir que la il·luminació és un acte intuïtiu que arrenca de tot el poder de l'ésser que és cognoscitiu i que integra tota l'estructura cognoscitiva dispersa de l'ésser en un acte vigorós i polaritzat de visió, d'intuïció, no de representació.

L'emoció és un aspecte de la comprensió; és la vibració de l'ésser que ha estat tot ell penetrat per la comprensió. Els «enteniments emocionals» venen quan les noves comprensions, per l'ús freqüent, s'han solidificat. Les primeres aproximacions al nou coneixement pot ser que no siguin càlides, que no vagin acompanyades per la vibració de tot l'ésser.

Quan, per l'ús freqüent, s'ha reestructurat la pròpia interioritat d'acord amb el nou coneixement, quan s'ha ajustat al nou punt d'encaix, llavors podríem dir que tot l'ésser coneix, i no sols una parcel·la d'ell.

Quan tot l'ésser coneix, el coneixement es converteix en vibració i calor, perquè no hi ha cap punt mort que no sigui conèixer i que freni la vibració, i cap punt gèlid que absorbeixi la calor.

L'emoció es manifesta en dos nivells, com el mateix coneixement. Un, l'inferior, que és fill del desig; i un altre superior, «on les emocions reflecteixen la facultat del coneixement espiritual, generalment anomenat "intuïció" [...] Les emocions superiors són símptomes i manifestacions de les forces cognoscitives que estan per sobre de la

---

236 SUZUKI, D.T., *Ensayos sobre budismo zen*, v. 1, p. 139.

"màquina de pensar"»[237]. Les emocions superiors són qualitats de la consciència[238].

Les emocions estan, per una banda, relacionades amb l'instint i, per una altra, amb la intuïció. Abasten d'una punta a l'altra del nostre ésser. La seva força cognoscitiva més potent resideix en el cim, però es nodreix del sòl, de l'instint. Les emocions palesen la unitat radical de totes les nostres facetes cognoscitives.

Es requereix experiència per discernir, en cada cas, la seva arrel de desig del seu cim intuïtiu. A vegades es pren per intuïció el que en realitat és la veu subtil del desig. La veu del desig adopta moltes disfresses. El mitjà per discernir si el que diu l'emoció que prenem per intuïció és purament la veu del desig o és una mica més és apel·lar a un auster raciocini i a les experiències passades. El raciocini ben portat pot conduir a la intuïció, com l'emoció. A vegades caldrà contrastar allò a què s'ha arribat des de l'emoció amb el raciocini[239].

En un esperit desenvolupat, emocions i coneixements es troben perfectament unificats.

Cal no oblidar mai que l'emoció s'entronca amb el desig i, per tant, fàcilment tendeix a connectar-se amb el que és propi de l'ego, l'estructura personal de desitjos, amb el que és personal; per conseqüent, quan s'apunta al coneixement complet, caldrà atendre al caràcter de l'emoció.

Les emocions han de moure's en l'ordre de la serenitat, equanimitat interna, mansa benevolència, sense torbacions, lluny dels entusiasmes religiosos. Aquestes són les recomanacions budistes. Si les emocions tenen aquests caràcters, fomenten i expliciten un nivell de coneixement més enllà del subjecte i les seves necessitats, és a dir, un coneixement impersonal que brolla de les profunditats del jo[240].

---

237 HUMPHREYS, C., *Concentración y meditación*, p . 114.

238 *Ibid.*, p. 115.

239 *lbidem.*

240 *Ibid.*, p. 116.

El coneixement dels nivells impersonals és un coneixement que transcendeix la determinació dels continguts; és un conèixer que tendeix a la unitat de tot. L'emoció que acompanya a aquest nivell de conèixer també transcendeix la determinació dels continguts i de les caracteritzacions, i tendeix a la unitat des de la commoció de tot l'ésser. Aquest nivell d'emoció no és diferenciable de l'amor.

La intel·ligència veritable és amor. Ho estudiarem. L'amor juga tant com la intel·ligència per a la realització. Patanjali diu que l'amor és una forma de coneixement, i que és unint-nos a un ésser, i unint-nos-hi per amor, com el coneixem veritablement[241].

L'amor és quedar orientat pel que s'estima, acostar-s'hi i compenetrar-s'hi, compenetrar-se amb la presència del seu ésser. ¿No és això mateix el que hem vist que és la voluntat i el coneixement quan som capaços de comprendre-ho com a presència i no com a representació?

D'altra banda, el coneixement presencial, immediat, no representatiu, és unitat... No és això, l'amor? Si el coneixement complet, el que abasta la totalitat de l'ésser, és vibració i calor, l'amor no és això mateix? L'amor és vibració de tot l'ésser i és calor que penetra i s'uneix lúcidament amb l'estimat. No és això mateix, el coneixement?

«L'amor és l'astrolabi dels misteris de Déu»[242]. L'amor és la punta per la qual el coneixement es guia per a la comprensió d'«el subtil del subtil».

«Per a ells (els que estimen), l'error no és error. Tot el que fan els amants és just»[243]. L'amor és el criteri segur: on hi ha veritablement amor, no hi ha error; és la norma segura: on hi ha amor, no hi ha mala acció.

241 ELIADE, M.*Patanjali et le Yoga*, p. 71.

242 RUMÍ., *El Masnavi*, p. 18.

243 VALAD, S., *Maitre et disciple*, p. 47.

I l'amor és la guia segura, el criteri segur i la norma segura, perquè «Si deixem que actuï en nosaltres tota la potència de l'Amor, morim a nosaltres mateixos per a no ser més que amor»[244].

Així com el conèixer que transcendeix el jo i arrenca del silenci i de la poca personalitat no és més que lucidesa, així l'amor que transcendeix el jo de necessitats és una presència que no es contraposa a cap presència, sinó que es compenetra amb ella.

L'amor que transcendeix el jo no és ningú; és només amor. L'amor que és astrolabi és l'amor sense mesura. I l'amor és sense mesura quan està lliure de l'atracció i de l'aversió, quan la no-aferrament és complet. L'aferrament, que és la necessitat, és la mesura. L'amor no té mesura quan la seva llibertat no té mesura. La llibertat interior és el complet allunyament de la necessitat. L'amor sense mesura és amor sense fi. I amor sense fi és coneixement sense fi.

Dhu'l-Nun contava: «En un dels meus viatges, vaig trobar a una dona i li vaig preguntar quina era la fi de l'amor. "Imbècil —em va cridar—, l'amor no té fi". Vaig preguntar: "I per què això?" Ella va respondre: "Perquè el Molt Estimat no té fi"»[245].

Per conèixer realment, cal anar més enllà de la raó i arribar a un coneixement que és, indiscerniblement, també amor. Diu Rumi: «Ven la teva intel·ligència i compra perplexitat; la intel·ligència és mera opinió; la perplexitat, intuïció»[246].

Mentre la intel·ligència no sigui presència en el que es coneix i del que es coneix, mentre no sigui compenetració sense cap mediació, és a dir, amor, serà representació i, per tant, opinió.

Quan la comprensió es converteix en perplexitat completa, es dona la no-mediació, la intuïció.

Cal vendre la intel·ligència-representació per la perplexitat de la intuïció, que és la intel·ligència-amor.

244 LINSSEN, R. *Bouddhisme, taoïsme et zen*, p. 319.
245 VITRAY-MEYEROVITCH, E., *Anthologie du soufisme*, p. 73.
246 RUMÍ, *El Masnavi*, p . 223 .

«La veritable intuïció és propera a la sensibilitat»[247] perquè és un conèixer que vibra en la presència d'allò que es coneix; i a aquesta capacitat de vibrar amb tot l'ésser davant la presència del que es coneix l'anomenem «sensibilitat».

La veritable intuïció és propera a la sensibilitat, perquè el conèixer no mediat per la representació vibra en la presència del conegut.

«Tenia consciència de tot el que m'envoltava, gràcies a una rara i, alhora, gairebé familiar capacitat: tot el meu ésser hi veia. La totalitat del que en la meva consciència normal anomeno el meu cos era capaç de percebre, com si fos un ull gegantí que ho captés tot»[248].

Els paràgrafs anteriors, en els quals parlem de la sensibilitat com la facultat de vibrar del nostre coneixement, ens condueixen al cos com a instrument de coneixement. Quan coneixem, no ho fem amb una part nostra no corporal; és el nostre cos el que coneix. Potser perquè el nostre conèixer és un conèixer de carn, potser per això és càlid i vibrant, és amor i sensibilitat.

Arribar al coneixement complet és aconseguir posar en moviment totes les capacitats cognoscitives del nostre cos; és aconseguir que res d'ell quedi al marge del coneixement; és aconseguir que tot el nostre cos sigui ull que capta.

Ni els coneixements més sublims estan tancats al cos. També el cos té experiència, coneixement de les coses divines —diu Vladimir Lossky—, quan les forces passionals es troben no mortes, sinó transformades[249].

El coneixement i el goig espiritual no es corrompen per la comunió amb el cos, sinó que el cos es transforma amb ells[250].

---

247 MAHARSHI, R., *L' enseignement de Ramana Maharshi,* p. 36.

248 CASTANEDA, C, *El fuego interno,* p. 256.

249 LOSSKY, V., *Teología mística de la Iglesia de Oriente,* p. 166.

250 MEYENDORFF, J., *Saint Grégoire Palamas et la mystique orthodoxe,* p. 117.

El cos aprèn pel seu compte les subtileses del coneixement. Aprèn, sap i desitja el coneixement, encara que nosaltres no ens n'adonem.

El cos vol i pren consciència pel seu compte. Cal alliberar-lo de la subjecció a la raó perquè pugui desplegar tota la seva capacitat cognoscitiva i intervenir en el coneixement de nivells superiors.

Així com hem dit que la intuïció s'arrela en els instints, el coneixement s'arrela en el cos. «El teu cos —deia Don Juan— ha après unes certes coses, fins i tot sense tu voler-ho. Necessita tornar amb mi per aprendre més. El teu cos sap que morirà, encara que tu mai hi pensis. He estat dient-li al teu cos que jo també moriré i que abans d'això m'agradaria ensenyar-li certes coses, coses que tu mateix no pots donar-li. El teu cos necessita poder personal i crema en desitjos de tenir-lo»[251].

El cos també ha de ser silenciat per parar la roda del desig i, amb això, el món. Ara bé, perquè el cos se silenciï cal que es distanciï dels apetits i s'alliberi de la racionalitat, perquè també la racionalitat ha envaït el cos[252].

El cos es mou ordinàriament en el que Don Juan anomena la primera atenció, és a dir, l'atenció pròpia de la necessitat. Però el cos és també capaç d'accedir a una segona atenció, una atenció al real que s'ha alliberat de la necessitat.

Diu Don Juan que, quan el cos es converteix en segona atenció, «senzillament, entra a l'altre món»[253]. Si el cos accedeix a aquesta segona atenció, es converteix en pur ull coneixedor desinteressat.

Els sentits i el cos són capaços de transmutar-se i veure l'ocult. El cos no és l'enemic del coneixement; el cos és coneixement, i és capaç de transmutar-se de tal forma que res del que podríem anomenar el més sublim de l'ànima li sigui aliè.

---

251 CASTANEDA, C., *Viaje a lxtlan*, p. 250.
252 CASTANEDA,C.,*El segundo anillo de poder,* p. 94.
253 *Ibid..*, p. 318 .

«Espera pacientment al fet que els teus sentits corporals siguin transmutats, a fi que puguin veure el que està ocult, i que la dificultat es resolgui. (...) La visió és l'única cosa que compta en tu... Transforma el teu cos sencer en visió; converteix-te en visió»[254].

El cos sencer és una perfecta unitat en el coneixement. Diu el Sheikh 'Alí al-Khawa:

«Quan el jo del místic enrolat en la Via es purifica de les seves impureses, els sentits es tornen intercanviables. Pot sentir-hi amb els seus ulls i veure-hi amb les seves oïdes... Hi ha un "secret" subtil en cadascun dels moviments i sons d'aquest món. Els iniciats arriben a comprendre el que diu el vent que bufa, els arbres que es bressolen, l'aigua que corre, les mosques que brunzeixen, les portes que grinyolen, el cant dels ocells, el so de les cordes, el refilar de la flauta, el sospir dels malalts, el gemec de l'afligit i tot el que atreu la seva atenció»[255].

I és que el cos i l'esperit han d'arribar a ser un, sense cap esquinçament[256].

L'amor ha de ser inseparable del coneixement[257]; la unió de la intel·ligència i l'amor ha de ser tan indissociable que seria millor parlar de «Coneixement-Amor» que d'amor i de coneixement. El Coneixement-Amor és la guia i el motor de la transformació, inclosa la transformació de la nostra sensibilitat i del nostre cos[258].

Aquesta unificació de facultats és el sentit de l'afirmació de Sultà Valad: «El sol té dues propietats: claredat i calor. Gràcies a aquestes dues qualitats, és evident per a tothom»[259].

---

254 VITRAY-MEYEROVITCH, E., *Mystique et poésie en Islam*, p. 111- 112.

255 VITRAY-MEYEROVITCH, E., *Anthologie du soufisme*, p. 200 .

256 TEÓFANO EL RECLUSO, *Consejos a los ascetas,* p. 144.

257 LOSSKY, V., *Teología mística de la Iglesia de Oriente,*p. 160.

258 VITRAY-MEYEROVITCH, E., *Rumi et le soufisme*, p. 92.

259 VALAD, S., *Maître et disciple*, p. 85.

Si la Veritat té per a nosaltres aquestes dues propietats, formant una unitat inseparable, és perquè així és com nosaltres podem acostar-nos al sol. És més: si volem conèixer el sol, hem d'esforçar-nos per unificar les nostres facultats.

Res de nosaltres mateixos ha de quedar fora de la indagació de la veritat. Tampoc la nostra capacitat d'actuar.

«Sàpigues que les ciències dels sufís són les ciències dels estats espirituals. Els estats espirituals són l'herència de les obres, i només rep l'herència de les obres qui obra»[260].

La forma d'obrar no ha de convertir-se en un impediment a la indagació per tractar-se d'una forma d'afermar el desig i l'ego. La mateixa actuació ha de transformar-se en una autèntica indagació. Tot el nostre obrar ha de ser indagar mitjançant l'acció: «A qui actua en funció del que sap, Déu li llegarà el coneixement del que no sap»[261].

L'actuació fa penetrar el coneixement en tots els porus de l'ésser; a mesura que el coneixement va penetrant en nivells més i més profunds del nostre ésser, s'obre a nous i nous coneixements.

El conèixer és fill del fer, com el fer és fill del conèixer; però seria més correcte dir que el conèixer ha de ser una manera de fer i el fer una manera de conèixer.

Cal que l'acció es transformi en coneixement perquè el coneixement sigui complet; o, si es vol, i dit al revés, cal que el coneixement es transformi en acció si es vol que l'acció sigui perfecta i eficaç i el coneixement sigui complet.

Goso (Wu-tsu) va fer una vegada aquest sermó:

«Si la gent em pregunta a què s'assembla el zen, li diria que és com aprendre l'art de robar. El fill d'un lladre va veure envellir al seu pare i va pensar: "Si és incapaç de portar endavant la seva professió, qui guanyarà el pa en aquesta família, excepte jo

---

260 KALABHADI, *Traité de du soufisme*, p. 91.
261 *Ibid.*, p. 63.

mateix? Haig d'aprendre l'ofici". Va comunicar la idea al seu pare, qui la va aprovar. Una nit, el pare va portar al fill a una casa gran, va forçar la tanca, va entrar a la casa i, obrint un gran bagul, li va dir que anés a treure vestits. Tan aviat el fill es va introduir en el bagul, va fer caure la tapa i va assegurar el pany. Llavors el pare va sortir al pati i, colpejant fortament la porta, va despertar a tota la família, al mateix temps que silenciosament es va esmunyir pel forat que anteriorment havia practicat a la tanca. Els habitants es van despertar i van encendre espelmes, però van descobrir que els lladres se n'havien anat. El fill, que tot el temps havia estat protegit, confinat en el bagul, va pensar en el seu cruel pare. Estava molt mortificat quan aleshores va tenir una bona idea. Va fer un soroll que va sonar molt semblant al xiscle d'una rata. La família va dir a la serventa que agafés una espelma i examinés el bagul. A l'obrir el pany de la tapa, va sortir el presoner, va apagar la flama d'una bufada, va fer a un costat la serventa i va fugir. Els habitants van córrer darrera d'ell. En veure un pou al costat del camí, va agafar una gran pedra i la va tirar a l'aigua. Tots els perseguidors es van congregar al voltant del pou intentant veure el lladre ofegant-se en el fosc forat. Mentrestant, ell ja havia retornat a la seguretat de la casa del seu pare, culpant-lo d'haver-se pogut escapar per ben poc. El pare li va dir: "No t'ofenguis, fill meu. Digues-me solament com has aconseguit escapar-te". Quan el fill li va narrar totes les seves aventures, el pare va observar: "Ja ho has aconseguit: n'has après l'art!"»[262].

Moltes vegades es requereix l'acció per trencar les resistències del coneixement. L'acció pot convertir-se, no només en una forma d'indagació, sinó també en una forma d'il·luminació[263].

També la imaginació ha de convertir-se en un instrument de coneixement. Rumi diu: «Aquest món se sosté per la imaginació. Tu creus que és real perquè el que veus és tangible; no obstant això,

---

262 SUZUKI, D.T., *Ensayos sobre budismo zen*, v. l, p. 342.
263 HUMPHREYS, C., *Concentración y meditación*, p. 153.

està subordinat a realitats més profundes, a les quals qualifiques d'imaginàries»[264].

La nostra imaginació pren per reals realitats que no ho són; i com a imaginàries, realitats que són reals. Cal corregir aquestes desviacions i convertir la imaginació en un instrument que ens permeti arrencar-nos del nostre món quotidià i orientar-nos cap a les autèntiques realitats inconcebibles. «Ah! Si sabessis quantes de les falses fantasies de la imaginació són més a prop de la veritat que les acurades conclusions dels prudents..!»[265].

Hi ha nivells en nosaltres mateixos que són reals i màximament operatius, encara que estiguin fora de la nostra consciència. Els centres afectius, volitius, sensitius, cognoscitius... tenen nivells de profunditat des d'on ha d'arrencar la força de la indagació que cal mobilitzar i que no estan a l'abast de la nostra consciència.

«El que no pots obtenir, inconscientment ho obtindràs». El que no aconsegueixes des dels teus nivells conscients, ho aconseguiràs si aconsegueixes polaritzar en la indagació els teus nivells inconscients, perquè en ells hi resideix el poder de la persona, del coneixedor.

El voler veritablement eficaç per arribar al coneixement complet és el que resideix més enllà del jo.

La indagació eficaç és la que parteix des de més enllà del jo. «Si no trobeu conscientment l'autèntica veritat, podreu obtenir-la inconscientment». No actuant sense pensar, sinó des d'una profunditat més profunda que el pensar.

Aquests nivells que se situen més enllà del jo no poden ser mobilitzats amb els mitjans normals del jo; han de mobilitzar-se d'una forma fosca, però real, fent un veritable, sincer i complet intent de mobilitzar-los. Cal aprendre a gestionar aquest «intent», que és més profund que una ordre o un acte de la voluntat.

---

264 RUMI, *Fihi-ma-Fihi*, p. 155.
265 SHAH, I., *Sabiduría de los idiotas*, p. 113.

És important advertir alguna cosa: no és possible accedir al coneixement complet més que des del goig. La tristesa ancora en una forma o una altra de desig.

La llibertat de la necessitat és goig i el goig allibera. Sense llibertat un no es pot aproximar al coneixement-amor; sense goig no es pot aconseguir res en aquest àmbit.

Si en anar a la indagació hi ha tristesa, cal arreglar prèviament alguna cosa. El goig és el símptoma i el requisit bàsic per anar a la indagació. El goig és causa i efecte de l'èxit en el coneixement-amor. Cal fomentar sistemàticament el goig, perquè fer-ho suposa fomentar l'estar satisfet, i l'estar satisfet és no buscar res. Aquest és el requisit bàsic per a la indagació.

«L'esperança és una facultat noètica, és a dir, un òrgan de coneixement...»[266]. De l'esperança cal dir-ne alguna cosa semblant al que s'ha dit sobre el goig. L'esperança és la polarització pel que cal conèixer; perquè és polarització i obertura, és amor.

L'esperança és obrir-se confiadament al que s'indaga i estima i al poder que resideix en les profunditats, més enllà de mi mateix; aquest poder és el mateix que indago i desitjaria conèixer.

L'esperança humana, com a condició i instrument del coneixement, ha d'arrelar-se en la consciència del misteri de l'existència. I, al misteri insondable de l'existència, no pertany únicament això d'aquí, sinó que jo mateix soc part del misteri que pretenc conèixer. La meva mateixa capacitat d'estimar i conèixer és part del misteri sense fi.

No tenir confiança, esperança, fe en el propi poder per indagar i conèixer correctament és no ser conscient del misteri i deshonrar el propi misteri. «Les possibilitats humanes pertanyen al desconegut».[267]

266 CORBIN, H., En *Islam iranien*. v. 2, p. 43 .
267 CASTANEDA, C., *El fuego interno*, p. 87.

c) La necessitat de la unió de totes les facultats per accedir al coneixement complet

Com la llum blanca en passar per un prisma es descompon en els set colors fonamentals, així l'energia cognoscitiva de la nostra estructura psicofísica es descompon donant una gamma diversificada de funcions psíquiques. Als trets particulars d'aquestes funcions els donem noms diferents: amor, intel·ligència, percepció, etc.[268] Per accedir a un coneixement complet cal recuperar la unitat radical de les facultats cognoscitives.

«El fons de la nostra ànima és el que és anterior a les facultats de l'ànima... En l'ànima hi ha un Fons secret d'on ragen el coneixement i l'amor»[269].

Cal recollir-se en la unitat per a aconseguir l'U. No es pot participar en la pacífica unió amb l'U si es roman dividit amb si mateix[270].

El camí cap a l'U, la Unitat, és el camí que condueix a la reunificació de totes les nostres facultats cognoscitives.

Una pregària que els sufís atribueixen al Profeta Mahoma li fa dir: «Oh Senyor, reuneix la meva dispersió!».

Va dir Djami: «Pelegrí, en el camí... oblida totes les rutes, excepte la de la unitat»[271].

El coneixement i l'amor han d'unificar-se. Diu Joan de la Creu: «...de manera que ja a l'ànima li sembla viu foc per causa de la viva intel·ligència que se li dona. I d'aquí és el que diu David en un salm: "Es va escalfar el meu cor dins meu, i cert foc, en tant que jo entenia, s'encenia."

---

268 LINSSEN, R., *Bouddhisme, taoïsme et zen*, p. 170.

269 ECKHART, *Obras escogidas*, p. 194.

270 PSEUDO-DENYS, *Oeuvres Completes*, p. 273 .

271 VITRAY-MEYEROVITCH, E., *Mystique et poésie en Islam*, p. 115.

»I aquesta encesa d'amor amb unió d'aquestes dues potències, enteniment i voluntat, que s'uneixen aquí, és cosa de gran riquesa i delit per a l'ànima, perquè és un cert toc en la Divinitat i ja principi de la perfecció de la unió d'amor que espera»[272].

El que eren dues potències diferents, s'uneixen: «Viu foc per causa de la viva intel·ligència» i «cert foc, en tant que jo entenia, s'encenia».

Amb la imatge de la llum i el foc expressa la unió inseparable de l'entendre i l'estimar.

En la tradició budista es diu que en l'estat de Nirvana les nostres distincions habituals entre amor i intel·ligència desapareixen[273].

En la tradició hindú, *jnana* ("el coneixement") i *bhakti* ("l'amor") han de fondre's[274].

«La intel·ligència veritable és igualment Amor»[275]. De manera equivalent, «l'amor veritable no és només una emoció»[276]; és també coneixement.

«El despertar a l'estat d'"Intel·ligència-Amor' ens confereix aquest estrany poder de penetrar en el cor dels éssers i de les coses, per les zones profundes d'una consciència insondable com l'univers mateix»[277].

La zona —en el Fons de nosaltres mateixos— on la intel·ligència i l'amor s'uneixen per a formar la «Intel·ligència-Amor» és una zona de poder; un poder, no de representar els éssers, sinó de penetrar en el seu cor. Aquest poder ocult en nosaltres és un poder insondable, un poder d'omnipresència i d'omnipenetrabilitat.

---

272 JUAN DE LA CRUZ, *Obras completas*, p. 613.

273 LINSSEN, R., *Bouddhisme, taoïsme et zen*, p. 170.

274 MAHARSHI, R., *L' enseignement de Ramana Maharshi* ,p. 329.

275 LINSSEN, R., *Bouddhisme, taoïsme et zen*, p. 317.

276 *Ibid.*, p. 318 .

277 *Ibíd.*, p. 319.

Aquesta és la zona per la qual som conduïts a la unitat; per aquí podem conèixer Déu amb un coneixement que és, alhora, amor[278].

Diu Vladimir Lossky: «Es reconeix la "simplicitat del coneixement cristià" allí on la gnosi i l'amor no fan sinó un, en l'experiència secreta, oculta als ulls del món, en la vida dels quals s'uneixen a la llum eterna de la Santíssima Trinitat ...»[279].

I és que, en realitat, la separació del coneixement i del cor, la seva oposició recíproca, és el resultat de la nostra caiguda en el pecat —diu l. Briantchaninov— ; la gràcia divina cura l'ésser humà dividit i desintegrat i reuneix les seves parts. La gràcia divina reuneix el coneixement i el cor; reuneix també l'ànima i el cos, i li dona un únic moviment correctament orientat cap a Déu[280].

El Buda, l'Il·luminat, és també —per això— el Gran Compassiu. I precisament perquè el camí budista és el camí al Coneixement, *Karuna* ("la Compassió"), és la virtut, l'emoció budista per excel·lència[281].

L'amor marxa parell amb la il·luminació, afirmen també els sufís[282]. El cor (*qalb*) és la seu del coneixement[283].

El lloc on el cor i el coneixement s'uneixen és un lloc insondable, lloc de coneixement, d'amor i de certesa; és un lloc indiscernible i buit.

«Si li diuen: "¿Ets o no ets; tens o no el sentiment de l'existència; estàs en el centre o no hi estàs, o estàs a la vora; estàs visible o amagat; ets perible o immortal; ets l'un i l'altre o no ets ni l'un ni l'altre; en fi, existeixes o no existeixes?", respondrà positivament: "Jo no sé res d'això, ho ignoro i m'ignoro a mi mateix. Estic enamorat, però no sé de qui; no soc ni fidel ni infidel. Què soc,

278 TEÓFANO EL RECLUSO, *Consejos a los ascetas,* p. 45 .

279 LOSSKY, V., *Teología mística de la Iglesia de Oriente*, p. 169.

280 BRIANTCHANINOV, I., *Les miettes du festin*, p. 107.

281 HUMPHREYS, C., *Concentración y meditación*, p. 100.

282 SHAH, I., *Les souis et l' ésotérisme*, p. 114.

283 KALABADHI, *Traité de soufisme* , p. 187.

doncs? Fins i tot ignoro el meu amor; tinc el cor ple i, al mateix temps, buit d'amor"»[284].

La veritable ciència és veure el foc directament i abrasar-se amb ell. I qui s'abrasa no és només la ment; és també el cos i són els sentiments els que s'abrasen. «Coneix que la ciència veritable és veure el foc directament, no una simple xerrada, deduint el foc pel fum»[285].

Per anar a la veritable ciència, cal unir coneixement, amor i sentiments. Però, en realitat, només la Veritat és capaç d'unir veritablement el coneixement i l'amor[286].

«La manera d'observar els manaments —diu I. Briantchaninov— que precedeix a la unió de l'esperit i del cor difereix d'aquella que la segueix. Abans de la unió, l'asceta compleix els manaments amb gran pena i dificultat, constrenyent i forçant la seva naturalesa caiguda; després de la unió, la força espiritual que uneix l'esperit i el cor l'arrossega en la via dels manaments i fa el seu compliment fàcil i agradable. "Corro en la via dels teus mandats, perquè eixamples el meu cor", diu el salmista»[287].

Per anar a l'U, cal unificar; però l'esforç per unificar és penós fins que la unitat es mostra; quan s'ha mostrat, ja no hi ha més esforç: la unitat s'estableix per si mateixa.

«Només un home de coneixement percep el món amb els seus sentiments i amb la seva voluntat, i també amb el seu veure-hi»[288]. Només el savi percep i veu amb la seva ment, la seva voluntat i els seus sentiments. Tot ell és ull. Però el seu ull és vibració, amor.

El cos sencer ha de transformar-se en visió[289].

284 ATTAR, F., *El lenguaje de los pájaros,* p. 251.

285 RUMÍ, *El Masnavi,* p. 352.

286 BRIANTCHANINOV, I., *Les miettes du festin,* p. 109.

287 *Ibíd..* p. 110.

288 CASTANEDA, C., *Una realidad aparte,* p. 172.

289 VITRAY-MEYEROVITCH, E., *Mystique et poésie en Islam,* p. 110.

La consciència és corporal i el cos és consciència. Buscar què és abans, si ser cos o ser consciència, és un problema fals. La simultaneïtat i la imbricació del cos i la consciència han de ser totals. Per això és útil la immobilització total del cos per induir a la serenitat perfecta de la consciència[290].

Hem de tendir a fondre el cos i l'esperit per accedir a l'experiència que realment els fon[291].

El cos no és diferent d'allò més profund del Si mateix. «El pensament que el cos no és diferent del Si (nivell profund del jo que transcendeix l'ego) és coneixement»[292].

El cos no és obstacle als nivells més alts de coneixement, perquè fins i tot els sentits «són transmutats a fi que puguin veure el que està ocult»[293].

El que es percep és U i el que percep ha unificat totes les facultats, la percepció interior i l'exterior.

«L'Essència de Déu i el seu Ésser són U; el seu Ésser i l'ésser de l'univers són U; l'ésser de l'univers i l'univers són U, a la manera de la llum, que canvia de nom, però no de realitat: per a la percepció exterior, és una, i per a l'ull de la percepció interior és també així. Així és l'ésser de l'univers en relació amb l'Ésser de Déu —és U—, perquè l'univers considerat independentment no existeix»[294].

Des dels Pares del Desert fins als místics del cristianisme oriental, la deïficació inclou el cos; la comunió amb Déu engloba la totalitat de l'ésser humà, la llum divina envaeix el cos mateix de la persona deïficada[295]. La mateixa acció humana forma part del complex

---

290 VITRAY-MEYEROVITCH, E., *Mystique et poésie en Islam*, p. 110.

291 SUZUKI, D.T., *Essais sur le bouddhisme zen*, v. 3, p. 68.

292 MAHARSHI, R., *L' enseignement de Ramana Maharshi*, p. 339.

293 VITRAY-MEYEROVITCH, E., *Mystique et poésie en Islam*, p. 112.

294 VITRAY-MEYEROVITCH, E., *Anthologie du soufisme*, p. 249-250 .

295 MEYENDORFF, J., *Saint Grégoire Palamas et la mystique ortodoxe*, p. 175.

cognoscitiu. L'actuació no és aliena al coneixement; és una manera de conèixer. Estar actiu o no estar-ho no té a veure amb l'estar en actitud cognoscitiva o no estar-ho.

> «La tradició ascètica i mística de l'Església d'Orient no fa una distinció ben categòrica entre els estats actius i passius en les esferes superiors de la vida espiritual. L'esperit humà, en el seu estat normal, no és actiu ni passiu: és vigilant. És la sobrietat, l'atenció del cor, la facultat de discerniment i de judici de les coses espirituals, la que caracteritza l'ésser humà en el seu estat d'integritat. Els estats actius i passius denoten, per contra, una esquinçada interior; són estats deguts al pecat»[296].

El coneixement veritable s'alia amb la pràctica. La gnosi és conèixer i sentiment i pràctica: «la gnosi és acció»[297].

> «En un esperit del tot desenvolupat, idees i sentiments es troben tan units amb l'acte que de tal unió no queda, per dir-ho així, res solt»[298].

d) Capacitat supraracional del coneixement

Hi ha una lucidesa i un conèixer mental que no és racional. En aquests processos de coneixement no racional es coneix amb absoluta claredat, es comprenen les coses ràpides i directament, sense que quedi cap dubte en la ment[299].

La llarga tradició hindú anomena, a aquesta facultat d'«intuïció intel·lectual», *Buddhi*. *Buddhi* és una capacitat de coneixement que, a més de ser intuïtiva, és supraracional i supraindividual[300].

---

296 LOSSKY, V., *Teología mística de la Iglesia de Oriente*,p. 151.

297 VITRAY-MEYEROVITCH, E., *Mystique et poésie en Islam*, p. 117.

298 HUMPHREYS, C., *Concentración y meditación*, p. 116.

299 CASTANEDA, C., *El segundo anillo de poder*, p. 310.

300 GUÉNON, R., *L'homme et son devenir selon le Vêdânta*, p. 119.

Aquest «noble poder de l'ànima» —diu el Mestre Eckhart— és una capacitat de coneixement tan alt i tan noble que coneix Déu en la simplicitat de la seva absència. És un coneixement capaç de transcendir el temps i l'espai[301].

Diu el mestre sufí Shabestari: «A més de la raó, l'ésser humà posseeix una certa facultat gràcies a la qual percep els misteris ocults»[302].

En la tradició del budisme tibetà s'afirma que «allò que reconeix el "Moviment" i el "No-Moviment" com un i inseparable s'anomena Saviesa Omni-Discriminativa, o Intel·lecte Supra-mundà»[303].

L'ésser humà és capaç de conèixer —en el si de la roda de l'existència, en el si del fluir continu dels propis pensaments i sentiments— una cosa oculta que aquí es diu, una cosa immòbil, una cosa quieta que es diu en tot moviment i que és inseparable d'aquest.

Aquesta facultat de discernir en tota realitat el moviment i el no-moviment és una facultat que ja no és la pròpia d'un subjecte submergit en la roda del moviment; és una facultat supraindividual, un intel·lecte supramundà.

Aquesta mateixa capacitat de discriminar el moviment i el no-moviment en tota realitat és una facultat que, estant immersa en el mundà, en la roda de l'existència, és supramundana i pertany a l'ordre misteriós del que no es mou. És una acció misteriosa de la nostra pròpia capacitat cognoscitiva, que, brollant de la profunditat del nostre misteri, es torna cognoscitivament al mateix misteri del qual parteix.

Es diu en el *Shodoka* de Yoka Daishi: «L'acció misteriosa dels sis òrgans és *ku* ('el Buit') i no és *ku* al mateix temps»[304]

---

301 ANCELET-HUSTACHE, J., *Maître Eckhart et la mystique rhénane*, p. 110.

302 VITRAY-MEYEROVITCH, E., *Mystique et poésie en Islam*, p. 110.

303 EVANS-WEN1Z, W.Y. (ed.), *Yoga tibetano...*, p. 165.

304 DAISHI, Y., *Shodoka: el Canto del inmediato Satori*, p. 62 .

L'acció misteriosa de la nostra capacitat coneixedora, de tota ella, dels cinc sentits i de la ment, pertany a l'ordre de la suprema realitat, que no pot ser caracteritzada més que dient que és el buit de «tot això d'aquí». Pertany i no pertany, simultàniament, a l'ordre de la suprema realitat. Parlant en termes tibetans, diríem que és moviment i no-moviment al mateix temps. Però la veritat és que, tant en la tradició tibetana com en la zen, s'apunta a una facultat cognoscitiva supraracional, dotada d'un poder coneixedor tal que se submergeix en el misteri sense fi i desperta la mateixa sorpresa que el suprem misteri.

Abü Bakr al-Sabbfil apunta a aquesta mateixa dimensió misteriosa i divina del coneixement humà, i diu: «Quan Déu va haver creat l'intel·lecte, li va preguntar: "Qui soc Jo?" L'intel·lecte va romandre mut. Déu va aplicar llavors sobre la seva vista el col·liri de la llum de La seva Unitat. Va obrir llavors els ulls i va dir: "Tu ets Déu, no hi ha una altra divinitat que Tu"; perquè no pertanyia a l'intel·lecte conèixer Déu si no és per mitjà mateix de Déu»[305].

La capacitat cognoscitiva humana és el col·liri de la llum de la Unitat divina, és un poder de coneixement diví.

El gran Junayd diu en aquest mateix sentit: «Ell és "el que coneix i el conegut". Això significa que tu l'ignores en tant que tu, i que tu el coneixes en tant que Ell»[306].

No és això dir, en termes de simbologia teista, el mateix que diuen els budistes zen quan afirmen que la nostra capacitat de conèixer és *ku* ('el Buit') i no *ku* alhora?

Gregori Palamàs diu que l'Esperit suscita en nosaltres una facultat sobrenatural de coneixement que «es converteix tota ella enterament en llum i s'assimila al que veu; s'hi uneix sense mescla, sent llum. Si es mira a si mateixa, veu la llum; si mira l'objecte de la seva visió, és encara la llum; i si mira els mitjans que empra per veure-hi, és també la llum; aquí està la unió: que tot això sigui un, de manera que el que veu no pugui distingir ni el mitjà, ni la fi, ni l'essència, sinó que tingui

305 KALABADHI, *Traité de soufisme*, p. 67.
306 *Ibid.*, p. 67.

solament consciència de ser llum i de veure una llum diferent de tota criatura»[307].

¿No coincideix aquesta afirmació amb l'afirmació dels tibetans sobre la capacitat supramundana de veure i discernir en tot el moviment i el no-moviment?

Som davant d'una activitat cognoscitiva que no queda ben descrita parlant des de la terminologia dualista de subjecte coneixedor i d'objecte conegut; som davant d'una activitat cognoscitiva que transcendeix les nostres categories corrents sobre el coneixement.

Diu Rumi: «Col·loquem un llum davant del sol pretenent veure'l amb la seva llum; però quina necessitat tenim del llum? Es que el sol no es mostra per si mateix?»[308].

Som davant d'un conèixer intuïtiu, presencial, immediat, no representatiu; però, a més, estem enfront d'un conèixer en el que es dissol tota la dualitat inherent a l'acte cognoscitiu normal.

Estem dotats d'una facultat d'«omnipenetrabilitat» progressiva i permanent. Aquest profund i misteriós ser del nostre coneixement és la nostra veritable naturalesa; i diuen els mestres zen que és també la naturalesa profunda de totes les coses[309].

Des d'aquesta perspectiva es comprenen expressions tan paradoxals com la que formula Attar quan diu: «El meu discurs és sense paraules, sense llengua i sense soroll; comprèn-lo sense intel·ligència i sent-lo sense oïda»[310].

Amb aquestes afirmacions està empenyent el lector al fet que «intueixi» un ordre de coneixement sobrehumà, però real. Al mateix apunten les dites del Pseudo-Dionís l'Areopagita quan diu: «la manera de conèixer Déu més digna d'ell és conèixer-lo per la via del

307 MEYENDORFF, J., *Saint Grégoire Palamas et la mystique ortodoxe*, p. 125.

308 RUMI, *Fihi-ma-Fihi*, p. 25.

309 LINSSEN, R., *Bouddhisme, taoïsme et zen,* p. 164.

310 AITAR, F., *El lenguaje de los pájaros*, p. 33.

desconeixement...»[311]. El coneixement correcte, el més digne, és de tal tipus que, des del que entenem normalment com a «coneixement», diríem que és una altra cosa diversa. Aquesta mateixa idea l'expressen els mestres zen quan diuen que el coneixement cal realitzar-lo des de l'inconscient, és a dir, des d'un nivell de profunditat del coneixement que transcendeix totalment el nivell que maneja conscientment el nostre ego.

e) Trets distintius del veritable coneixement complet

El coneixement al que ens estem referint és difícil de descobrir, perquè és una cosa que cal veure, i el veure no és cosa de parlar[312].

Quan es produeix el coneixement, no hi ha més buit en la vida d'un humà: tot està ple fins a vessar. Aquest és un tret clau del coneixement complet veritable.

A més, per a «l'home de coneixement», tot és igual, no perquè res importi, sinó perquè tot importa, tot diu tot; en aquest sentit, tot és igual[313].

Quan es dona el veritable coneixement, res està primer i res està després. Aquest coneixement no es conforma amb la idea que hi ha algú que és primer que un altre, que hi ha algú més endavant que un altre[314].

El veritable coneixement sap com veure-hi, però es desconcerta sempre amb el que veu; sap que mai entendrà tot el que l'envolta[315].

---

311 PSEUDO-DENYS., *Oeuvres Completes*, p. 145.

312 CASTANEDA, C., *Una realidad aparte*, p. 123.

313 *Ibid.*, p. 104.

314 SHAH, l., *Sabiduría de los idiotas,* p. 92.

315 CASTANEDA, C., *Una realidad aparte*, p. 108.

Quan realment s'aprèn a veure-hi, «llavors se sap que no hi ha fi als mons nous per a la nostra visió»[316].

Quan la veritat apareix, va acompanyada de veracitat i sinceritat[317].

«Quan un aprèn a veure-hi, ni una sola de les coses que coneix preval. Ni una sola. Cap cosa és la mateixa. Una vegada que veiem, res és conegut; res roman com solíem conèixer-ho quan no hi vèiem»[318].

A mesura que es coneix, tot es transforma contínuament; tot va sumint-se més i més en el misteri, en la impossibilitat de formulació. «Quan un hi veu, ja no hi ha detalls familiars en el món. Tot és nou. Res ha succeït abans. El món és increïble!»[319].

Quan s'arriba al coneixement, es comprèn que totes les coses són impermanents i que, per això, produeixen sofriment. El savi veu com tot se li fa res, perquè tot manca d'existència pròpia[320]. Mentre «tot» no s'ha fet «res», no s'ha començat a conèixer. Quan tot esclata en el no-res, llavors, des de la profunditat de l'abisme, sorgeix la Gran Afirmació; llavors, des de la total absència de tot el que no té existència pròpia, s'afirma la Total Presència. La Gran Afirmació, buida i des del si del buit, afirma la seva plenitud sense presència.

Mentre alguna cosa roman, mentre alguna cosa no es fa res, no ha arribat encara el coneixement. Quan arriba el buit, és la plenitud fins a vessar.

Tots els éssers, com les ones de l'oceà, es fan res i mostren que no tenen existència pròpia, que només són l'oceà; però tots els éssers, en fondre's en l'oceà, diuen coses increïbles.

«Els cucs, els ocells, els arbres; tots ells us poden dir coses increïbles...»[321].

---

316 *Ibid.*, p. 178.

317 NASR, S.H., *Essais sur le soufisme*, p. 95.

318 CASTANEDA, C., *Una realidad aparte*, p. 224.

319 *Ibíd.*, p. 184.

320 DHAMMAPADA (XX, 277-279), p. 190-191.

321 CASTANEDA, C., *Una realidad aparte*, p. 260 .

Cal dir del coneixement el que Ibn 'Lliga 'Allah diu de Déu: «És inaccessible en la seva Proximitat; proper en la seva Sublimitat»[322]. Per la proximitat, per la compenetració, per la unió que provoca, el coneixement fa esclatar la dualitat, i això és com la foscor. El conegut és tan sublim i subtil que es fa fins a tal grau proper que esclata la relació coneixedor/conegut: aquesta és la seva inaccessibilitat.

El perfecte coneixement és un perfecte desconeixement, perquè és un coneixement real, però tan allunyat de la nostra manera normal de coneixement que és com un desconeixement[323]. Quan es produeix el veritable coneixement, es comprèn la seva radical incomunicabilitat. «Els misteris no són comunicables —deia Rumi— , excepte per als qui els coneixen»[324].

322 ATA'ALLAH, I., *Traité sur le nom Allâh*, p. 134.
323 PSEUDO-DENNYS, *Oeuvres Completes*, p.328.
324 RUMÍ, *El Masnavi*, p. 317 .

10
Els efectes
del coneixement complet

Per «l'home de coneixement» no hi ha buit: tot està ple fins a vessar. El coneixement tot ho iguala, no pel costat de la pobresa, sinó pel costat de la plenitud. Tot és igual, perquè tot és igualment plenitud[325].

Quan s'intensifica convenientment el foc del coneixement, l'objecte del coneixement es despulla de tota associació amb noms i conceptes; fins i tot es despulla de tota relació amb l'ego particular d'un individu, i llavors l'objecte del coneixement és captat en la nuesa essencial de la seva naturalesa pròpia. La màgia constructora de Maya, que és la perspectiva de la nostra necessitat, es trenca[326].

Hi ha un coneixement, el suprem, que es manifesta com a «absència de pensaments», com a «absència de forma» i com a «absència de fixació»[327]. Aquest és un conèixer des del silenci, des de la total llibertat de tota forma, encara que sigui coneixement en la forma.

Quan un veu realment, «pot un adonar-se que res importa»[328]. Qualsevol cosa que pugui importar és una forma i amb el coneixement ha estat possible situar-se en un nivell en el qual un està lliure de tota forma, on no importa la forma.

Perquè un s'ha situat darrere de la forma, «res importa». El coneixement mostra que el que és realment està en tot això, però no és res d'això. Perquè res d'això és, tot es torna res. I quan tot s'ha

---

325 CASTANEDA, C., *Una realidad aparte,* p. 104.

326 EVOLA, J., *Le yoga tantrique,* p. 131.

327 SUZUKI, D.T., *Le non-mental selon la pensée zen,* p. 144.

328 CASTANEDA, C., *Una realidad aparte,* p. 104.

tornat res, és a dir, quan el món de la quotidianitat es desfà com una bombolla de sabó, quan es desfà la domesticació del món, quan es desfà el món que hem construït a la mesura de la nostra necessitat, llavors «res és familiar»[329]. Des de la lucidesa silenciosa, tot es fa res, però encara contínua aquí[330].

Quan el coneixement veritable ha tornat res totes les coses, llavors res ens ofereix un agafador, en res es pot confiar, res ens pot prestar refugi[331]. I, no obstant això, aquí està l'agafador, la confiança completa, el refugi que posseïm en nosaltres mateixos.

Quan tota cosa, fins i tot nosaltres mateixos, es torna res; quan es veu, per fi, que tot és buit, llavors és quan es produeix la plenitud de coneixement, la plenitud de ser i la plenitud de felicitat. Aquest és el pensament fonamental de la tradició hindú i de la tradició budista, que també està fortament present en la tradició musulmana.

Diu Attar: «Els sants que van aconseguir la felicitat van veure en tota cosa el no-res»[332]. «Tota cosa, menys la seva faç (d'Al·là), és perible»[333].

Quan tot ha perit i quan en tot no hi ha més que la seva faç, és la plenitud i la felicitat. Quan la faç de Al·là es mostra, tota cosa, fins i tot romanent aquí, es desfà com la rosada. Quan la Realitat es mostra, tot pensament, tot desig, tota necessitat es detenen[334].

El coneixement de la Realitat deté el constructor i la construcció. Quan el constructor i la construcció s'han detingut, ja només queda la Realitat. Es comprèn llavors l'afirmació dels Pares del Desert: l'alegria nia en el silenci; l'alegria està àvida de silenci[335].

329 *Ibid.*, p. 184.

330 *Ibid.* p. 196.

331 BLOFELD, J. (comp.), *Enseñanzas zen de Huang Po*, p. 52.

332 ATTAR, F., *Le livre divin*, p. 242.

333 EL CORÁN (XXVIII, 88), p. 351.

334 EVANS-WENTZ, W .Y. (comp.), *Yoga tibetano y...*, p. 160.

335 FILOCALIA, p. 44.

El coneixement veritable genera alegria i goig. El coneixement complet només es pot buscar i trobar en el goig. El goig ha de seguir i precedir al coneixement.

Igualment, la summa humilitat segueix el coneixement, perquè amb ell tot es torna igual i tot es torna res. Però aquesta humilitat que segueix el coneixement també l'ha de precedir. «La humilitat és el mirall del coneixement místic. El coneixement s'obté proporcionalment a la humilitat. Per aquesta humilitat es manifesta la seva pròpia grandesa (la del coneixement)»[336]

On apareix el coneixement, allí està la llibertat sense límits, el complet alliberament. «On està l'esperit de Déu, allí està la llibertat»[337].

El coneixement bandeja definitivament la por. «L'ensenyament, semblant al rugit del lleó, manca de por»[338].

Endinsar-se en el coneixement és endinsar-se en el camí de la certesa, de la seguretat. Però es tracta d'una seguretat que no deixa petjades. «Es pot mostrar el món del temor i les etapes del temor. Però les etapes de la seguretat no deixen empremta»[339]. Res pot ni alterar ni acréixer la certesa que genera el coneixement complet. «Si s'alça el vel, la meva certesa no augmentarà. Els humans de Déu no perden Déu sota el vel d'aquest món[340]».

El coneixement complet és un «llamp de tenebres» «perquè de la gran llum sobrenatural és vençuda la força natural intel·lectiva i privada»[341]; però és alhora la suprema llum clara: el coneixement és la completa i definitiva certesa; la llibertat completa de tota forma està en aquestes formes; la satisfacció, la calma, es dona en el si del moviment; el goig i l'alegria es donen quan tot és igual; tot és res, però està ple fins a vessar, quan ja no hi ha res a buscar, quan ja no hi ha més dubte.

336 VALAD, S., Maître et disciple, p. 108.

337 LOSSKY, V., Teología mística de la Iglesia de Oriente, p. 181.

338 DAISHI, Y., , Shodoka: el Canto del inmediato Satori, p. 240.

339 RUMI, Fihi-ma-Fihi, p. 69.

340 VALAD, S., Maître et disciple, p. 108.

341 JUAN DE LA CRUZ, Obras completas, p. 572.

11
El coneixement complet del món

«El món dels objectes i de les coses sòlides no és més que una manera de facilitar el nostre pas per la terra; no és més que una descripció creada per ajudar-nos. Nosaltres, o millor, la nostra raó, oblida que la descripció no és més que una descripció, i així la totalitat del nostre ésser està atrapada en el parany d'un cercle viciós, del qual no n'emergim més que rarament en el curs de la nostra vida»[342].

Hi ha molt més en el nostre món del que advertim en la nostra vida quotidiana. El nostre món quotidià és una construcció adequada per prendre del medi el necessari per viure i per ajudar-nos i protegir-nos del misteri.

Amb «la raó i la seva companya la paraula» hem «inventat i mantenim» un món que després ens tanca com un anell. Aquest món que hem construït, aquest anell, ens és absolutament necessari per viure, però no és tot el que hi ha; hi ha moltes més possibilitats de construcció i, sobretot, hi ha infinitament molt més, que ja no és la nostra construcció.

El món que ens obstinem a conservar amb la nostra raó com a l'única cosa que hi ha, és el que hem creat amb la nostra descripció. Aprenem des de nens les regles dogmàtiques i inviolables de la descripció i les acceptem i defensem durant tota la nostra vida[343]. Necessitem que el món que hem construït i les seves regles siguin inviolables. En el passat, aquesta intocabilitat ha durat mil·lennis.

La nostra construcció ha de ser inviolable, perquè necessitem tenir uns punts de referència clars, constants, compartits per tots,

---

342 CASTANEDA, C., *Histoires de pouvoir,* p. 96.
343 *Ibid*., p. 97.

indubtables i eficaços en el nostre sistema de comprensió, valoració, actuació, estructuració col·lectiva; necessitem uns punts de referència inviolables per poder actuar correctament, sense dubtar en cada cas i, així, sobreviure.

Per tant, el món que percebem ha estat creat per una descripció que hem sentit explicar des del moment de néixer. És correcte dir que el món que percebem és una il·lusió, perquè no és el que creiem que és[344].

El que anomenem «món» és el fruit de la nostra dispersió; és el resultat de la nostra necessitat i de l'articulació, diversificació i dispersió que la nostra actuació en el medi requereix per poder satisfer totes les seves necessitats. Així és que el món és la projecció del ventall de la nostra actuació diversificada en unes circumstàncies culturals i personals.

El món és fill de la necessitat, del desig, de la passió. Deia Isaac Siríac: «Per a l'especulació espiritual, el món és un nom col·lectiu que comprèn tot el que anomenem passió». Els desitjos, les passions, són el fluid que mou el corrent incessant del món. «On cessen les passions, el món s'atura en el seu curs. On el corrent de les passions s'atura, el món mor».

Comenta V. Lossky a aquests textos: «El món expressa aquí una dispersió, un errar de l'ànima per l'exterior i una traïció a la seva pròpia naturalesa»[345]. El món és una traïció a la naturalesa de l'ànima quan pretén convertir-se en l'única cosa que hi ha.

Les coses d'aquest món, les criatures, vistes des del silenci de la necessitat, vistes des de més enllà de la descripció, mostren l'abisme del seu buit, del seu res, i l'abisme d'una altra dimensió que en elles aflora[346].

---

344 *Ibid.*, p. 96.
345 LOSSKY, V., *Teología mística de la Iglesia de Oriente*, p. 148.
346 *Ibid.*, p. 69.

Diu Don Juan: «El món no s'ofereix a nosaltres directament, la descripció del món s'interposa sempre entre nosaltres i ell. Per conseqüent, estem sempre, literalment, un pas enrere, i la nostra experiència del món és sempre una memòria d'aquesta experiència. No fem més que rememorar, rememorar, rememorar»[347].

El monòleg interior i el diàleg s'interposen entre la nostra percepció i el nostre coneixement del món i el món mateix. Així que és correcte dir que estem sempre un pas enrere de la percepció i el coneixement directe, perquè el que fem és verificar i rememorar un contingut semàntic. Podríem afirmar que el nostre món és la revitalització, la presencialització d'un record, la rememoració d'una construcció ja feta.

Quan s'aconsegueix fer callar la necessitat, «hi ha un "secret" subtil en cadascun dels moviments i sons d'aquest món. Els iniciats arriben a comprendre el que diu el vent que bufa, els arbres que es bressolen, l'aigua que corre, les mosques que brunzeixen, les portes que grinyolen, el cant dels ocells, el sonar de les cordes, la xiulada de la flauta, el sospir dels malalts, el gemec de l'afligit i tot el que atreu la seva atenció» .

Si es deté la construcció que el monòleg i el diàleg fan del món d'acord amb la necessitat, llavors «el món es revela completament pur, desaferrat, inaccessible, alliberat de tot pensament d'un ego i, per conseqüent, lloc de pau i de felicitat»[348].

Quan «s'usa la ment de manera que es vegi lliure de tota inclinació», llavors, fins i tot la bipartició interpretativa i perceptiva de ment i noment perd sentit, i certament no per empobriment. La tradició budista afirma que la il·luminació fa comprendre «que en l'univers totes les coses són l'Essència de la Ment mateixa»[349].

347 CASTANEDA, C., *Histoires de pouvoir,* p. 50.
348 SUZUKI, D.T., *Essais sur le bouddhisme zen,* v. 3, p. 284.
349 HUMPHREYS, C., *La sabiduría del budismo,* p. 210.

«No et fatiguis a intentar explicar-ho tot», deia Don Juan. «El món és un misteri. Això que nosaltres veiem no és tot el que hi ha en el món. Hi ha molt més que això, fins a tal punt que no té fi. Quan intentes explicar el món sencer, tot el que fas és fer-lo familiar»[350].

Per aprendre a veure el món, cal veure'l des de més d'una forma. Don Juan ensenya a Castaneda a veure el món, no sols en la forma ordinària, sinó també en la forma en què el veuen els bruixots. Cal aprendre a veure el món des de més d'un paradigma. Veure el món des de la fe pot servir per relativitzar el que en la nostra vida quotidiana tenim com a l'única cosa que hi ha[351].

El món no és una interpretació; és un sentir, però de tal forma que tot el nostre ésser, tota la nostra capacitat cognoscitiva, sigui un sentir immediat.

Diu Don Juan que la part més difícil del camí de coneixement és adonar-se que el món és un sentir[352]. «És estúpid pensar que el món és com tu penses. El món és un lloc misteriós»[353].

«Al voltant nostre, el món és extremadament misteriós. No lliura els seus secrets fàcilment»[354]. Quan s'observa tot, «cada cosa revela el seu secret»[355]

«Concedit que aquest món de rosada no és més que un món de rosada, concedit això, tanmateix...»[356].

El que cal conèixer en el món és una presència a vegades terrorífica, per aliena i profunda; però és una presència subtil, fins i tot frágil[357]. El que cal comprendre en el món és una presència.

---

350 CASTANEDA, C., *Viaje a Ixtlán*, p. 192.

351 *Ibid.*, p. 350.

352 *Ibid.*, p. 268 .

353 *Ibid.*, p. 100.

354 *Ibid.*, p. 47.

355 *Ibid.*, p. 188.

356 COOMARASWAMY, A .K ., *Buddha y el evangelio del budismo*, p. 181.

357 BAYLE DE JESSÉ, B., *Houa-T'eou*, p. 216.

Un monjo va acudir a Gensha dient-li: «Entenc que dius que l'univers tot és un cristall transparent: "Com capto el sentit d'això?" El mestre va dir: "L'univers tot és un cristall transparent, i de què serveix entendre-ho?"»[358].

Tot en el món és un rar succés ple fins a vessar de meravella, goig i misteri. «Oh aquest rar succés! Com podria no alegrar-me donar per ell deu mil peces d'or? Duc un barret sobre el meu cap, i un lligat al voltant de la cintura. I a la meva gaiata porto la brisa refrescant i la lluna plena!»[359].

Tot parla d'una altra dimensió. Tot és el pur dir-se, múltiple i eloqüent, d'aquesta altra dimensió plena de misteri i, en realitat, indicible. «El murmurant corrent de la muntanya és l'ampla i llarga llengua de Buda. La muntanya mateixa en els seus sempre canviants matisos no és el seu Cos Pur? Durant la nit van ser recitats vuitanta-quatre mil gatha. Però com puc algun dia mostrar-los davant els altres?»[360].

«El so de la vall dona una llarga i gran conferència, ha cantat 84.000 *sutres*. Com podria demà parlar d'ella?»[361].

Els qui no són capaços de llegir les aleies de Déu escrites en totes les realitats de la creació, aquests són els que es perden. En la creació sencera, en les bèsties escampades per la terra, en la variació del dia i de la nit, en l'aliment que Déu ha fet baixar des del cel, en l'aigua que vivifica l'agostejament de la terra, en el canvi de direcció dels vents, hi ha aleies per a les gents que reflexionen. Certament, en tot ha fet Déu descendir aleies que són manifestes[362].

L'univers sencer és un llibre, és l'Escriptura per als zen. «Es conta, per exemple, que el savi Hüen Sha un dia es preparava per a dir un sermó a una congregació reunida i que, a punt de començar, es va

358 SUZUKI, D.T., *Ensayos sobre budismo zen*, v. 1, p. 321.

359 *Ibid.*, v. 2, p. 203

360 *Ibid.*, V. 2, p. 204 .

361 DESHIMARU, T., *La pràctica de la concentración*, p. 250.

362 CORÁN (XXXIX, 63; XLV, 1-5; XLV, 12; LVII, 3; LVIII, 6).

sentir un ocell cantar molt dolçament prop d'allí. Hüen Sha va baixar del púlpit i va comentar que ja s'havia predicat el sermó. Un altre savi, Teu Tse, un dia va assenyalar una pedra prop de la porta del temple i va dir: "Allí dins resideixen tots els Budes del passat, del present i del futur". El rostre de la naturalesa va ser anomenat "El Sermó de la realitat Inanimada"»[363].

«Només els que tenen els ulls oberts poden veure que "l'univers és el llibre de la veritat més alta"»[364]. «D'aquí ve que totes les formes i colors de la bellesa cridin: "Bones notícies! Bones notícies! Vegeu-ho! La primavera és aquí!"»[365].

«Un cant dormisqueja en totes les coses que segueixen el seu somni etern i l'univers es posa a cantar des del moment que trobis la paraula màgica»[366]. «Els cels i la terra són completament Paraula per a qui està dotat de percepció mística i ha nascut de la Paraula»[367].

La millor manera de parlar de l'altra dimensió, de l'absolutament Altre, no són doctrines complicades, sinó que la millor manera de parlar d'«Això d'aquí» sagrat és comunicar l'admiració pel real.

«Heus aquí com ha de comunicar-se Allò:
Quan els llampecs s'han desencadenat, a-a-ah!
Quan ens han fet tancar els ulls, a-a-ah!
Mireu, ja s'ha dit bastant sobre la Divinitat»[368]

Deia Rumi: «Sàpigues, fill meu, que cada cosa de l'univers és una gerra plena fins a vessar de saviesa i de bellesa. És una gota del riu de la Seva bellesa... És un tresor amagat: a causa de la seva plenitud, ha esclatat i ha fet la terra més brillant que els cels. És un tresor amagat: a

363 COOMARASWAMY, A.K., *Buddha y el evangelio del budismo*, p. 180.

364 VITRAY-MEYEROVITCH, E., *Rumí et le soufisme*, p. 145.

365 RUMI, *El Masnavi*, p. 61

366 VITRAY-MEYEROVITCH, E., *Mystique et poésie en Islam*, p. 92.

367 *Ibid.*, p. 196.

368 WALDBERG, M., *Los bosques del zen*, p. 105.

causa de la seva plenitud, ha brollat i convertit la terra en alguna cosa semblant a un sultà revestit de roba de setí[369].

El Profeta mateix va dir: «La terra sencera és una mesquita»[370].

Totes les coses de la terra pronuncien un esplèndid o humil, però eloqüent, sermó de Déu. I això és tot el que les coses han de fer. «La glòria del matí floreix una hora tan sols; no obstant això, no és diferent, en el fons, del pi gegant que viu mil anys»[371].

«Gallardes flors, si pogués ser tan valenta
i ser tan poc va com vosaltres ...
Apareixeu i doneu un innocent espectacle
i retorneu als vostres llits de terra.
No sou orgulloses: coneixeu el vostre llinatge,
perquè els vostres brodats vestits són de la terra!»[372]

Quan el misteri de l'essència dels éssers es mostra clarament, el forn del món es converteix en un jardí de flors[373].

Li van preguntar al poeta xinès Lî Paî per què habitava a la verda muntanya; i ell es va limitar a somriure, amb el cor en repòs. «Quan les flors cauen, quan l'aigua corre —diu Jourdan—, el meu univers ja no és el dels humans»[374].

Un dia, va preguntar Ananda al Buda: «Com veu el món el Benaurat?» I el Buda va respondre: «Buit i meravellós!»[375].

Un altre dia, mostrant a un deixeble el món en les flames del desig i de la mort, li va dir el Buda: «Mira, oh deixeble, el món en flames; no

369 VITRAY-MEYEROVITCH, E., *Rumi et le soufisme*, p. 168.

370 *Ibid.*, p. 182.

371 COOMARASWAMY, A.K., *Buddha y el evangelio del budismo*, p. 181.

372 *Ibid.*, p. 182.

373 ATTAR , F., *El lenguaje de los pájaros*, p. 230.

374 JOURDAN, M., *Notes de ma grange, des montagnes et des bois*, p. 147.

375 WALDBERG, M., *Los bosques del zen*, p. 153.

temis, és un refugi, aquí mateix és un no-nascut»[376]. Això mateix és el refugi ja no sotmès ni al naixement ni a la mort.

«Això d'aquí» és el refugi i això mateix d'aquí són els rostres de l'Inefable. «Descobreix el món ple de rostres celestes», deia Rumi[377].

I el mateix Rumi deia: «Tinc un Amic darrere del vel. La resplendor del vel prové de la llum del seu Rostre; tot quant existeix en els dos mons és Aquest, el que està darrere del vel»[378].

376 BAYLE DE JESSÉ, B., *Houa-T'eou*, p. 153.

377 RUMI, *Odes mystiques* (1.004), p. 303.

378 RUMI, *Fihi -ma-Fihi*, p. 271.

12
El coneixement complet del jo

Per accedir al coneixement complet del jo cal partir primer de la pròpia humilitat.

Diu un mestre sufí: «El món és vell i tu, jove; el món és gran i tu ets petit. Cessa, oh àtom d'un segon, de considerar-te el melic del món!»[379]

El que cal buscar, no cal buscar-ho lluny, perquè resideix en un mateix. «Tu ets com un càntir amb ventre ple, però llavis secs»[380]

Per trobar l'aigua viva que un porta dins, només cal parar el diàleg intern. «Cada vegada que el diàleg cessa, el món s'esvaeix, i facetes extraordinàries de la nostra personalitat surten a la superfície com si haguessin estat profundament guardades per les nostres paraules. Tu ets com ets perquè et dius a tu mateix que ets així»[381].

Si aconseguim interrompre el nostre diàleg interior, ens convertim en una cosa fluida i silenciosa[382]. «Els pensaments i els conceptes regeixen tota la vida. És l'alliberament dels pensaments el que constitueix la nostra veritable naturalesa, la felicitat»[383].

El que realment som és allò mental desembarassat de tot pensament; això és el que és el nostre Ésser propi[384]. «Qualsevol que busqui l'origen del pensament "jo", per a ell l'ego mor. Tal és la veritable

379 SHAH, I., *Les souis et l'ésotérisme*, p. 223.

380 RUMÍ, *El Masnavi*, p. 37..

381 CASTANEDA, C., *Histoires de pouvoir*, p. 30

382 *Ibid.*, p. 175

383 MAHARSHI, R., *L'enseignement de Ramana Maharshi*, p. 191.

384 *Ibid.*, p. 264.

recerca». Serà llavors quan es veurà al veritable «Jo» resplendir en si mateix[385].

L'experiència «Jo soc», nua de l'ego, no és un pensament; és una realització. L'expressió «Jo soc» té el mateix sentit que Déu. L'experiència «Jo soc» és «en pau»[386].

El silenci interior condueix al descobriment de la «consciència-testimoni», lliure de les seves estructures psicofísiques, dels seus condicionaments temporals[387].

Un sufí ha dit que «és la condició humana la que obstaculitza la presa de consciència del Món ocult».

«La revelació és la retirada dels vels de la condició humana»[388]. El silenci retira els vels de la condició humana, llavors és quan Ell es revela.

Diu Al-Hallaj: «Un ésser, el Teu, s'expressa en el fons del meu no-ésser sempre»[389]. Quan, pel silenci, es retira el vel de la condició humana, quan jo mateix em torno res als meus propis ulls, és quan realment puc comprendre. «Vaig veure que el meu cos era una mera ombra o escuma, escuma que s'aixeca i viu en l'Oceà (Déu). Quan vegis l'escuma, veu l'oceà que l'agita! Ah! mira fins que vegis la teva pròpia i veritable causa final; la resta teva és només grassa i carn, ordit i trama».[390]

Accedir al veritable jo és arribar a un punt de vista impersonal en el qual un no exerceix el paper d'actor en el món de l'acció. «El que vegi que totes les seves accions són executades únicament per la naturalesa i no pel jo que està dins d'ell, aquest veu de bo de bo» (*Bhagavad Gita*).

385 *Ibid.*, p. 173.
386 *Ibid.*, p. 175.
387 ELIADE, M., *Patanjali et le yoga*, p. 5.
388 KALABADHI, *Traité de soufisme*, p. 150.
389 HALLAJ, H.M., *Akhbar Al-Hallaj*, p. 137.
390 RUMÍ, *El Masnavi*, p. 338.

«Mantén-te a part en la batalla que s'acosta i, encara que sigui el teu combat, no lluitis tu». No actuar encara que s'actuï és la doctrina taoista del no-actuar, *wu-wei*, que és obrar distant de les aversions i atraccions i sense buscar res per a sí[391]

Si pel silenci del diàleg interior i el silenci de l'acció, encara que es continuï actuant, no ens deixem tancar en nosaltres mateixos i arribem a un nivell impersonal de lucidesa de consciència-testimoni, llavors el món sencer es transforma.

Diu Ramana Maharshi: «És perquè us identifiqueu amb el vostre cos físic pel que considereu que aquest món és material i que l'altre és espiritual»[392]. «Si arribeu a constatar que vosaltres mateixos sou l'Esperit Absolut, veureu llavors que el món sencer no és material, sinó únicament espitual»[393].

La indagació de si mateix condueix al coneixement complet[394]. La indagació consisteix a anar a buscar la font del mental mateix. «Busqueu d'on brolla el sentit del "Jo", i tots els pensaments desapareixeran»[395]

El que quedi ja no serà el jo, sinó la «pura consciència». Mentre ens esforcem per indagar la font del mental i mentre intentem controlar-lo, busquem el nostre autèntic Jo «per, finalment, absorbir-nos en l'estat de consciència-coneixement- beatitud»[396].

«La realització espiritual —diu un mestre sufí— resulta ser, en definitiva, descobrir-se a si mateix i, per tant, descobrir la Unitat universal manifesta en tota cosa; aquest és el sentit profund del terme tawhîd, unitat, que és la veritable via recta»[397].

---

391 HUMPHREYS, C., *Concentración y meditación*, p. 140.

392 MAHARSHI, R., *L'enseignement de Ramana Maharshi*, p. 279.

393 *Ibid.*, p. 279.

394 *Ibid.*, p. 333.

395 *Ibid.*, p. 420.

396 *Ibid.*, p. 407.

397 LORY, P., *Les commentaires ésotériques du Coran*, p. 64.

«L'ésser humà és un llibre —diu Mawlana—. En ell, totes les coses hi estan escrites, però les foscors no permeten llegir aquesta ciència interior a ell mateix. La missió del mestre és revelar-li les seves veritables dimensions interiors»[398].

Som tan misteriosos i espantosos com aquest món incommensurable —diu Don Juan—; qui pot saber de què som capaços?[399]. «Aquest és en veritat el misteri de l'estar conscient de ser. Els éssers humans estan xopats en aquest misteri, estem xopats en les tenebres, en l'inexplicable. Si ens considerem a nosaltres mateixos en qualsevol altra terminologia, som uns imbècils o estem bojos. Per tant, no deshonris el misteri humà sentint llàstima per tu mateix o tractant de raonar aquest misteri»[400].

Més enllà de les aparences superficials, diuen els mestres budistes, som, per la nostra naturalesa profunda, la naturalesa profunda de totes les coses[401].

Nosaltres parlem d'Ell, com totes les coses parlen d'Ell, diu l'Alcorà[402]. En el mateix Alcorà s'hi expressa bellament la profunditat del misteri humà: «Recorda't de quan va dir el teu Senyor als àngels: "Estic creant un ésser humà a partir del fang de l'argila emmotllable; quan l'hagi conclòs, insuflaré en ell part del meu esperit. Caieu prostrats davant d'ell!"»[403].

«Cal que sapigueu —diu Rumi— que Déu no pot ser vist fora de la matèria, i que és vist més perfectament en les substàncies humanes millor que en qualsevol altra, i més perfectament en la dona que en l'home»[404].

---

398 VITRAY-MEYEROVITCH, E., *Rumí et le soufisme*, p. 160.

399 CASTANEDA, C., *Viaje a Ixtlán*, p. 146.

400 CASTANEDA,C.,, *El fuego interno*, p. 223.

401 LINSSEN, R., *Bouddhisme, taoïsme et zen*, p. 164.

402 RUMÍ, *Fihi-ma-Fihi*, p. 142.

403 CORÁN (XV, 28-29), p. 246.

404 VITRAY-MEYEROVITCH, E., *Mystique etpoésie en Islam*, p. 214.

La indagació que condueix al coneixement complet del misteri del Jo, ningú, sinó el misteri mateix, pot guiar-la. 'Abd al-Wahid Ibn Zayd va contar aquesta bella història:

«He interrogat Hasan sobre la ciència de l'interior, i m'ha respost: He interrogat Hudhayfa Ibn al-Yaman sobre la ciència de l'interior, i m'ha respost: He interrogat l'Enviat de Déu sobre la ciència de l'interior, i m'ha respost: He interrogat Gabriel sobre la ciència de l'interior, i m'ha respost: He interrogat Déu sobre la ciència de l'interior, i Ell m'ha respost: És un dels meus misteris; ho poso en el cor del meu servidor, i cap de les meves criatures ho comprèn»[405].

No hi ha guia per indagar la interioritat del misteri d'un mateix. Només el misteri guia el misteri.

El cor és el lloc de manifestació del misteri[406]. Diu un hadit: «El cor del creient és el tron de Déu»[407]. El gran Sanâ'î afirmava que en l'ànima es troben els cels[408]. El lloc on Déu es manifesta és el cor, però —diu Rumi— únicament el cor que ha arribat a la seva plena dimensió[409].

Aquest lloc de manifestació, on es produeix el coneixement complet i l'amor, és un nivell de real coneixement i amor, però que transcendeix el lloc de coneixement i amor del jo. Aquest centre està més enllà del nivell conscient que manipula el nostre ego. «L'inconscient significa estar sense el mental en tota circumstància, és a dir, no estar determinat per cap condició, no tenir cap afecció, cap desig. Afrontar totes les condicions objectives i romandre eternament lliure de tota forma d'emoció: això és l'Inconscient. L'inconscient és així conegut com el veritablement conscient de si mateix»[410].

---

405 KALABADHI, *Traité de soufisme* , p. 93.

406 VALAD, *Maître et disciple*, p. 81.

407 VITRAY-MEYEROVITCH, E., *Rumi et le soufisme*, p. 119.

408 VITRAY-MEYEROVITCH, E., *Mystique et poésie en Islam*, p. 233.

409 *Ibíd.*, p. 253.

410 SUZUKI, D.T., *Le non-mental selon la pensée zen*, p. 90.

Sobrepassar el dualisme de ser i de no-ser, sense parar d'estimar la Via del Mig, això és l'Inconscient. L'Inconscient significa ser conscient de l'U absolut; ser conscient de l'U absolut vol dir tenir l'omnisciència, que és *Prajna*, la Saviesa[411].

«Tenir pensaments i, tanmateix no tenir-los»: això vol dir ser conscient de l'Inconscient o «trobar l'Inconscient en la consciència», segons el pensament de Hui-Neng[412].

Quan es manifesta l'evidència de l'inconscient, en el sentit del paràgraf anterior, llavors es percep amb una completa claredat que el mental no té lloc immutable enlloc. Això és el que s'anomena tenir una percepció completament clara del propi ésser. Aquest veritable Mental que no té lloc immutable enlloc és el Mental-de-Buda mateix; se'n diu Mental-d'Alliberament, Mental-d'Il·luminació, Mental-No-Nascut, Vacuïtat-de-Matèria-i- d'Esperit. Aquest coneixement és el que designen els sutres com a Reconeixement del No-Nascut[413].

El reconeixement en un mateix, en el propi mental, en la profunditat ja inconscient dels propis nivells de la consciència del No-Nascut, en la profunditat de la Vacuïtat de tot això, és el que s'afirma, en simbologia teista, com «no hi ha més Adam que Tu, i qui ha posat, absurdament, una diferència entre els dos és Iblis», el diable[414].

«Ets Tu, soc jo? Això faria dos déus. Lluny de vosaltres, lluny de vosaltres el pensament d'afirmar "dos"!»[415].

«Entre mi i Tu, hi ha un "jo soc" que em turmenta, Ah! arrenca amb el teu "Jo soc" el meu "jo soc" fora d'entre nosaltres dos»[416].

«La veritat ets tu mateix, però no el teu simple ego corporal. El teu veritable ego està més alt que "tu" i "jo". Aquest visible "tu" que

411 *Ibid.*, p. 92.

412 *Ibid.*, p. 179.

413 *Ibid.*, p. 176

414 HALLAJ, *Dfwán* (MXXIX), p. 72.

415 HALLAJ, *Akhbar Al-Hallaj*, p. 137.

416 *lbidem.*

suposes que ets tu mateix, està limitat a un lloc; el "tu" veritable no està limitat»[417].

«On, doncs, és la Teva essència en relació amb mi, perquè jo pugui veure-la, ja que ja la meva essència ha sobrepassat visiblement l'On?»[418].

«I on és el teu rostre? La meva vista ha de buscar-lo en la intimitat del meu cor, en la pupil·la del meu ull?»[419].

Bayazid deia: «Glòria a mi! Que gran és la meva dignitat! Dins de la meva túnica no hi ha un altre que Déu»[420].

«Hi ha cels en el regne de l'ànima
que governen els cels d'aquest món»[421]
«Tu ets el meu rostre; què importa si no el veig?
L'extrema proximitat actua com un vel enfosquidor»[422]

«Veritablement, tu ets el Déu ocult. El Fons de Déu i el fons de l'ànima no són més que un sol i mateix fons»[423].

Ni el coneixement, ni el que cal conèixer, cal anar a buscar-ho lluny: «Oh, sí; mireu en el vostre cor i vegeu-hi el coneixement del Profeta —deia Rumi—, sense llibre, sense preceptor, sense guia»[424].

«Qui es coneix a si mateix coneix al seu Senyor», diu un dels més famosos hadits de l'Islam[425].

En aquesta llarga sèrie de textos hem volgut deixar plenament palès el que s'entén pel coneixement complet del jo, que és la Unitat

417 RUMÍ, El Masnavi, p. 363.

418 HALLAJ, *Akhbar Al-Hallaj,* p. 137.

419 *lbidem.*

420 VALAD, *Maître et disciple*, p. 44.

421 *Ibid.*, p. 181.

422 RUMI, *El Masnavi,* p. 330.

423 DAVY, M.M., *Le désert intérieur*, p. 171.

424 NICHOLSON, R.A., *Los místicos del Islam*, p. 85.

425 LORY, P., *op. cit.*, p. 63.

suma, la divinitat, el Buit, el Jo veritable, al qual, per estar més enllà de tots els desitjos, conceptes i interpretacions de l'ego, se l'anomena «Inconscient».

Si es medita amb deteniment el que diuen els textos teistes musulmans i cristians i el que diuen els textos orientals, podrà apreciar-se la seva profunda unitat i com aquestes formes tan diverses de parlar del mateix, aquests dos sistemes simbòlics tan radicalment contraposats, es complementen i s'enriqueixen mútuament.

13
El coneixement complet de la veritat

Començarem aquest apartat amb una cita del *Mahabharata*:

«La veritat és el deure de tot ésser humà, és un deure etern. La veritat és el més alt refugi; la veritat és la més meritòria de totes les penitències; la veritat és el ioga més elevat, és l'etern Brahman. És el major sacrifici de tots els sacrificis. Els tres mons descansen en la veritat, i enlloc més que en ella. La veritat té dotze aspectes: imparcialitat, autocontrol, compassió, modèstia, constància, espontaneïtat, renunciació, contemplació, dignitat, fortalesa, benevolència i absència d'injúries. Tots aquests són aspectes de la veritat, però la veritat és immutable, eterna i incanviable»[426].

La veritat està per sobre de tota divisió i de tota secta. «Els que estimen les seves sectes més que la veritat acaben per estimar-se a si mateixos més que a les seves sectes»[427].

La veritat és una cosa construïda per sempre, però que sempre està en construcció[428].

Diu Radhakrishnan que discuteixen sobre els dogmes els qui són semireligiosos o irreligiosos, però no els realment religiosos[429].

Com més autèntica, més veritable, sigui la nostra religió, més tolerant serà cap a la diversitat.

La veritat no té etiquetes: no és budista, ni cristiana, ni hindú, ni musulmana... La veritat no és monopoli de ningú. Les etiquetes

426 VYASA, *El Mahabharata*, p. l.123.
427 RADHAKRISHNAN, *La concepción hindú de la vida,* p. 61.
428 *Ibid.*, p. 23.
429 *Ibid.*, p. 72.

sectàries són un obstacle a la lliure comprensió de la Veritat i introdueixen en l'esperit prejudicis nocius[430].

La compassió no és un atribut de la veritat; és la veritat mateixa. La veritat, que és la compassió, és la llei de les lleis, és l'essència universal sense límits. La veritat és la llei de l'amor etern[431].

La veritat és «núvol de compassió i reparteix un nèctar dolç com la mel».[432]

La veritat completa la defineixen els budistes com la felicitat per a si mateix i per als altres; com la unió de la compassió infinita —ocupada a destruir els sofriments del món— amb la intel·ligència suprema, lliure de tot aferrament[433].

En la veritat, sense que la individualitat es dilueixi, la màscara de la separació s'ha esfumat per sempre.

Amb la veritat, l'univers de les aparences exteriors es despulla progressivament de la seva opacitat. En aquesta transparència nova, el món de la superfície sembla aprofundir-se irresistiblement.

La veritat fa que allò limitat es converteixi en il·limitat, el finit en infinit, el temps en eternitat.

Amb la veritat, tot es converteix en insondable fins a tal punt que la profunditat i la superfície s'integren en una unitat i homogeneïtat nova, totalment desconeguda[434].

En la veritat comprenem que «no hi ha mort, ni naixement, ni camí»[435].

430 RAHULA, W., *L'enseignement du Bouddha*, p. 24.

431 HUMPHREYS, C., *Concentración y meditación*, p. 100.

432 DAISHI, Y., *Shodoka: el Canto del inmediato Satori*, p. 166.

433 SAILLEY, R., *Le bouddhisme «tantrique» indo-tibetain*, p. 100.

434 LINSSEN, R., *Bouddhisme, taoïsme et zen*, p. 319.

435 SUZUKI, D.T., *Le non-mental selon la pensée zen*, p. 107.

En la veritat comprenem que «veure és no veure i no veure és veure»[436]. La veritat és el manifest i l'ocult[437]. La veritat està manifesta en la seva ocultació i oculta en la seva manifestació[438].

«La veritat essencial està més enllà de la negació, com de l'afirmació»[439]. La veritat no és res del que pertany al no-ser, però no és res del que pertany al ser[440].

La veritat és com Al·là mateix: «inaccessible en la seva Proximitat; proper en la seva sublimitat»[441].

La veritat és la comunió amb l'incomunicable i el coneixement de l'incognoscible[442].

La veritat és com els reis, que, quan entren a la ciutat, la devasten[443].

La veritat és una força irresistible i imparable; és com el carro de l'elefant: «El carro de l'elefant avança lentament sobre el camí. Com podrà la mantis religiosa impedir el pas de les seves rodes?»[444].

La Veritat divina (*Haqq*) —la veritat completa, diríem nosaltres— és més evident que el sol. Qui busca una explicació després de la visió sofreix una pèrdua.

«Déu, la veritat, és més manifest i més palès que tot això que existeix»[445].

El primer grau de coneixement, diu Sahl Ibn 'Abd Allâh, és que el servidor és gratificat en l'íntim del seu ésser amb una certesa que

---

436 *Ibid.*, p. 113.

437 CORÁN (LVII, 3), p. 482.

438 KALABADHI, *Traité de soufisme*, p. 35.

439 LORY, P., *op. cit.*, p. 70.

440 PSEUDO-DENYS, *Oeuvres Completes*, p. 183.

441 ATA ALLAH, Ibn, *op. cit.*, p. 134.

442 MEYENDORFF, J., *Saint Grégoire Palamas et la mystique ortodoxe*, p. 55.

443 RUMI, *Fihi-ma-Fihi*, p. 159.

444 DAISHI, Y., *Shodoka: el Canto del inmediato Satori*, p. 254.

445 VALAD, S. *Maître et disciple*, p. 63.

pacifica els seus membres; la ratificació arriba fins al seu cor i així n'assegura la victòria[446].

Com Al·là és el subtil del subtil, així la Veritat és el subtil del subtil[447].

La veritat sempre és nova, inèdita, diferent.

Diu Rumi: «Cada dia, Déu està en un altre estat (*Alcorà*, LV, 19). I si Ell es manifesta de cent mil formes, mai unes s'assemblen a les altres. Ara bé, tu veus Déu en un moment determinat, en els seus signes i les seves accions, i a cada moment el veus diferent. Cap de les seves accions s'assembla a una altra»[448].

La veritat és pura positivitat, positivitat nua. Un monjo va preguntar a Joshu (Chao-Chou), un dels màxims Mestres de la Xina: «"Quina és l'única paraula última de la veritat?" En comptes de donar-li qualsevol resposta específica, va efectuar una contestació simple, dient: "Sí"»[449].

Qui comprèn la veritat comprèn que «l'amor és la medul·la dels éssers». I qui comprèn que l'amor és la medul·la dels éssers es queda en la total nuesa i pobresa. La pobresa de qui s'acosta a la veritat que és també l'amor és inconcebiblement completa. Qui és així de pobre, estima i coneix la medul·la dels éssers.

«Qualsevol que tingui el peu ferm en l'amor renuncia alhora a la religió i a la incredulitat. L'amor t'obrirà la porta de la pobresa espiritual i la pobresa et mostrarà el camí de la incredulitat. Quan no et quedi ni incredulitat ni religió, el teu cos i la teva ànima desapareixeran, i seràs digne d'aquests misteris: és necessari, en efecte, ser així per penetrar-los»[450].

---

446 KALABADHI, *Traité de soufisme*, p. 158.

447 CORÁN (LXVII, 14), p. 508.

448 RUMÍ, *Fihi-ma-Fihi*, p. 149.

449 SUZUKI, D.T., *Ensayos sobre budismo zen*, v. l., p. 296.

450 ATTAR , F., *El lenguaje de los pájaros*, p. 72.

Buscar la veritat (el Tao) és buscar el continu empobriment. Qui troba la il·luminació s'empobreix quotidianament[451].

La veritat no és diferent de l'amor. L'amor és tot felicitat. La felicitat és la seu de l'amor. Ni la felicitat és diferent de l'amor ni l'amor de la veritat[452].

Indagar la veritat és indagar la bellesa, com buscar la bellesa és buscar la veritat. «La lluna brilla sobre l'aigua del riu, el vent bufa en els pins: fresca i pura ombra d'una llarga nit. Quina n'és la causa?»[453].

Qui troba plenament la bellesa, troba la veritat.

«No sé quina mena d'altar és el rostre de la bellesa; si un ateu el contempla, es posa a pregar»[454].

La veritat no cal anar-la a buscar lluny. És a qualsevol lloc. «Una vegada va venir un monjo a Gensha i volia saber on era l'entrada al camí de la veritat. Gensha li va preguntar: "Sents el murmuri del rierol?" "Sí, el sento", va respondre el monjo. "Doncs allí hi ha l'entrada", li va dir el mestre»[455].

La veritat és pura, brillant, lliure, i es diu a tot arreu, perquè no hi ha res que sigui fosc, entenebrit o entenebridor; tot és translúcid[456].

Diu un mestre Zen: «Quan tens satori, ets capaç de revelar una mansió palatina feta de pedres precioses en un simple bri d'herba; però, quan no tens satori, la mansió palatina està oculta darrere d'un simple bri d'herba»[457].

Per comprendre la veritat cal anar tan a prop que no cal ni sortir de si mateix; perquè comprendre la veritat és comprendre la pròpia

451 LINSSEN, R., *Bouddhisme, taoïsme et zen*, p. 265.

452 MAHARSHI, R., *L'enseignement de Ramana Maharshi*, p. 413.

453 DAISHI, Y., *Shodoka: el Canto del inmediato Satori*, p. 140.

454 VITRAY-MEYEROVITCH, E., *Mystique et poésie en Islam*, p. 211.

455 SUZUKI, D.T., *Introducción al budismo zen*, p. 8.

456 SUZUKI, D.T., *Le non-mental selon la pensée zen*, p. 186.

457 SUZUKI, D.T., *Ensayos sobre budismo zen*, v. 2, p. 32.

naturalesa. Arribar a la veritat és arribar a l'autorevelació[458]. La veritat és «veure la pròpia naturalesa». Això és la il·luminació.

La il·luminació suposa un salt abrupte lògic —perquè el procés de raonament ordinari s'atura en sec— i psicològic —perquè se sobrepassen els límits de la consciència—[459].

Diu Hui-Neng: «Oh amics meus, quan hi ha il·luminació de *Prajna*, l'interior i l'exterior es converteixen en una cosa completament transparent i l'ésser humà coneix per si mateix el que és el seu mental original, és a dir, obté el seu alliberament. Quan s'ha obtingut l'alliberament, és el *Prajnasamadhi*; i quan es comprèn el *Prajnasamadhi*, es realitza un estat de *mu-nen* (*wu-nien*), o "estat sense pensament"»[460].

La veritat és la trobada amb la gran simplicitat que fa comprensibles d'un cop totes les escriptures.

Deia Yü-men: «Arribarà el temps en què la teva ment arribi a detenir-se com una vella rata que es troba en un atzucac. Llavors hi haurà un submergir-se en el desconegut amb el crit: "Ah, és això!" Quan profereixis aquest crit, t'hauràs descobert.

»Descobriràs al mateix temps que tots els ensenyaments dels antics il·lustres, exposades en el *Tripitaka* budista, en les Escriptures taoistes i en els Clàssics confucians, no són més que comentaris sobre el teu propi crit sobtat: "Ah, és això!"»[461].

«Una vegada es disposa del punt de vista de *Prajna* ("la saviesa"), totes les irracionalitats essencials de la religió es converteixen en intel·ligibles»[462].

La vida és moviment, canvi inevitable; en tot moment surten al nostre encontre l'inesperat i el desconegut.

458 SUZUKI, D.T., *Le non-mental selon la pensée zen*, p. 119.

459 *Ibid.*, p. 77.

460 *Ibid.*, p. 78.

461 SUZUKI,D.T., *Ensayos sobre budismo zen*, v. 2, p. 97-98.

462 SUZUKI,D.T., *Le non-mental selon la pensée zen*, p. 79.

Els nostres mateixos conceptes, els símbols o narracions, fins i tot els més sublims i sagrats, són només formes mentals que usem per expressar veritats espirituals; però tota forma és perible.

La veritat no és una categoria; com més la vulguem fer entrar en una categoria, més s'allunya.

A la veritat no se la pot tancar en cap categoria, en cap concepte ni en cap símbol o mite. La veritat no està separada de res. Qui comprèn això comprèn el sentit d'aquest vers:

«No hi ha res a trobar
en el món del satori,
no hi ha ni ésser humà, ni tan sols Buda»[463].

Aquest mateix és el sentit del vers de Huang Po: «Veritablement res vaig aconseguir amb la total i insuperable Il·luminació»[464]. Perquè la Realitat no és res separat i perquè és «absència de tota forma».

«Hi ha visió, però res que sigui vist»[465]. Aquesta visió, sense que res sigui vist, és la veritat, és la nostra naturalesa original, «mancada d'un àtom tan sols d'objectivitat».

Aquesta veritat és vàcua, omnipresent, silent i pura; és goig afable, excels i misteriós, i heus aquí tot. Entreu-hi profundament despertant a la vostra pròpia naturalesa. Això és el que hi ha davant vostre, en tota la seva plenitud, totalment íntegre. No hi ha res que no sigui això, la veritat, la vostra pròpia naturalesa[466].

Al-Hallaj arriba a invocar la maledicció per als qui intentin descriure la veritat[467]. La mesura de la Veritat, de Déu, és fins a tal punt la no-mesura que, si el que no és Déu és, Déu no és[468].

463 DAISHI, Y., *Shodoka: el Canto del inmediato Satori*, p. 250.

464 BLOFELD, J. (comp.), *Enseñanzas zen de Huang Po*, p. 50.

465 SUZUKI, D.T., *Le non-mental selon la pensée zen*, p. 111.

466 BLOFELD, J. (comp.), *Enseñanzas zen de Huang Po*, p. 50.

467 HALLAJ, *Akhbar Al-Hallaj*, p. 137.

468 LOSSKY, V., *Teología mística de la Iglesia de Oriente*, p. 28.

Dionís diu que Déu és un «res», «un pur res».

Eckhart desenvolupa aquest tema amb una sobreabundància de negacions inaudites: «Déu és sense nom, perquè ningú pot dir o comprendre res d'ell... Si dic, doncs: "Déu és bo", no és veritat: jo soc bo, però Déu no és bo... Si dic, d'altra banda: "Déu és savi", no és veritat: jo soc més savi que ell. Si dic a més: "Déu és un ésser", no és veritat: és un ésser per sobre de l'ésser i una negació superessencial. Un Mestre diu: "Si tingués un Déu que pogués conèixer, no el tindria per Déu... Has d'estimar-lo tal com és: Ni Déu ni esperit ni persona ni imatge; més encara: U, sense mescla, pur, lluminós..."»[469].

La cerca de la veritat és recerca intel·lectual i indagació amorosa. Amb tot, «Déu roman sempre infinitament misteriós; la veritable visió consisteix en no veure-hi; i, en aquest remuntar-se més enllà de tot coneixement, l'ànima experimenta el sentiment de la presència divina en la nit».

Presència de Déu en l'ànima i de l'ànima en Déu. Compenetració mútua: «Déu ve a l'ànima que al seu torn es transporta en Déu»[470].

«El coneixement és no fer cas de cap altre valor, excepte de Déu, i no considerar cap valor al costat de Déu»[471].

Hi ha veritable coneixement complet quan ja no existeix cap cosa ni el jo i només existeix Ell.

Diu Abû Saîd: «Nega't a tu mateix! Afirma l'existència del només veritable! Aquest és el sentit de "no hi ha més déu que Al·là"»[472].

La Veritat és «la tenebra més que lluminosa del Silenci». La Veritat «brilla amb la llum més enlluernadora en el si de la més negra foscor».

---

469 ANCELET-HUSTACHE, J., *Maître Eckhart...*, p. 55.

470 TEÓFANO EL RECLUSO, *Consejos a los ascetas*, p. 45.

471 KALABADHI, *Traité de soufisme*, p. 68.

472 PAREJA, F.M., *La religiosidad musulmana*, p. 445.

La Veritat, «romanent ella mateixa perfectament intangible i perfectament invisible, omple d'esplendors més belles que la bellesa les intel·ligències que saben tancar els ulls»[473].

La Veritat, Déu, és «aquesta Tenebra transcendent que roman impenetrable a tota llum, inaccessible a tot coneixement»[474]. Respecte a la foscor radical del coneixement més lluminós que qualsevol altre coneixement, diu Joan de la Creu:

> «...quan aquesta divina llum de contemplació envesteix en l'ànima que encara no està il·lustrada totalment, la fa tenebres espirituals, perquè no sols l'excedeix, també la priva i enfosqueix l'acte de la seva intel·ligència natural, però. Per aquesta causa Sant Dionís i altres místics teòlegs anomenen aquesta contemplació infusa "raig de tenebres", convé saber, per a l'ànima no il·lustrada i purgada, perquè per la gran llum sobrenatural és vençuda la força natural intel·lectiva i privada»[475].

Gregori de Nissa parla de la paradoxa del coneixement de Déu dient que és una «tenebra lluminosa». L'Incognoscible es fa conèixer romanent incognoscible i la seva incognoscibilitat és més profunda per a qui el veu[476].

Dionís l'Areopagita diu que «aquest perfecte desconeixement, pres en el millor sentit de la paraula és el que constitueix el coneixement veritable d'Aquell que sobrepassa tot coneixement»[477].

El coneixement de la Veritat és el coneixement del Silenci inaccessible[478]. El coneixement és el perfecte silenci, que és perfecta pau i quietud; és la Unitat total i perfecta, de la qual és molt poc dir que és Unitat.

---

473 PSEUDO-DENYS, *Oeuvres Completes,*, p. 177.

474 *Ibíd.*, p. 327.

475 JUAN DE LA CRUZ, *Obras completas*, p. 572.

476 MEYENDORFF, J., *Saint Grégoire Palamas et la mystique ortodoxe*, p. 43.

477 PSEUDO-DENYS, *Oeuvres Completes*, p. 328.

478 *Ibid.*, p. 177.

Aquesta pau i unitat de la veritat divina, que s'expandeix sobre totes les coses sense perdre res de la seva plenitud i sobreabundància d'unitat, és inefable i inconcebible en raó de la seva total trascendència[479].

La Veritat és la Pau perfecta que «expandeix la seva plenitud a través de tots els éssers, gràcies a la immanència perfectament simple i sense mescla del seu poder unificador. Ella unifica totes les coses lligant extrems a extrems, sotmetent-los a la unitat d'una amistat que els torna homogenis. Fa participar en el goig fins als límits més llunyans de l'univers. Ella alia totes les coses, les unes a les altres, per la unitat, identitat, unió, comunió»[480].

El coneixement de la Veritat és la Pau i el Goig.

Aquesta pau, que és coneixement, és de la que parlava Jesús quan deia: «La meva pau us dono; la pau que el món no pot donar». Una pau que excedeix a tota intel·ligència i que va unida al goig, a la joia, a la tendresa.

---

479 *Ibid.*, p. 328.
480 *Ibid.*, p. 166.

14
Caràcters
del veritable savi

«Manca d'orgull i supèrbia, mansuetud, una ànima pura, un cor tolerant, bondadós, sofert; puresa d'esperit i de cos, tranquil·litat i perseverança, domini de si i de la naturalesa inferior i adoració del Senyor...

»Eliminació de la inclinació natural als objectes dels sentits, eliminació de l'egoisme, eliminació del lliurament a les coses externes, a la família i a la llar, la lúcida visió de la inestabilitat de la vida de l'ésser humà amb la seva dolorosa subjecció al naixement, a la mort, a la malaltia i a la vellesa; l'equanimitat en els esdeveniments agradables o desagradables; una visió filosòfica del sentit i origen de l'existència; un profund coneixement i una llum espiritual; el ioga d'una devoció constant, l'amor de Déu, la ininterrompuda adoració de l'Ésser Suprem. Això és l'única cosa que pot anomenar-se saviesa; tota la resta és ignorància».

Aquesta és la idea que es fa del savi el *Bhagavad-Gita*[481].

«Qui observa el fràgil món amb commiseració i experimenta cap a la terra la mateixa compassió que experimentaria si es tractés de la seva germana petita, és savi»[482].

En l'Islam, els sufís són la figura del savi i es descriuen com segueix: «Els sufís són els éssers més compassius en relació a les criatures humanes, sense distinció. Són també els més pròdigs del que posseeixen ells mateixos i els més indiferents al que posseeixen els altres; els més preocupats per fugir d'aquest baix món; els més àvids

---

481 BHAGAVAD-GITA (XIII, 8-12), p. 92.
482 VALMIKI, *El mundo está en el alma*, p. 30.

en la cerca de les tradicions del Profeta i dels seus Companys i els més obstinats a seguir-les»[483].

El savi és ple d'ardor juvenil, un ardor del qual els joves no tenen idea. L'ardor de joventut els porta a allunyar el cansament i els condueix a la frescor, a saltar, a riure, a voler divertir-se; i tot perquè veuen el món amb un ull nou. Quan un savi contempla el món així renovat, s'alegra, salta, rejoveneix[484].

El savi és algú perplex. Es va preguntar a Dhû-l-Nûn quins eren els primers graus als quals el savi s'eleva i va respondre: «És estar desorientat, després sentir el propi despullament, després unir-se-li, després estar desorientat»[485].

«La puresa de l'ànima apareix amb tota la seva evidència en l'expressió radiant i serena del qui ha dissolt l'egoisme i els defectes que l'acompanyen en una ànima mortificada.

»Totes les traves que suposen les nostres passions i afectes es trenquen i cauen. Quan es trenquen els lligams dels nostres desitjos, el nostre ressentiment s'atenua, i la nostra ignorància es va dissipant progressivament; la nostra cobdícia disminueix, i la nostra ànsia aixeca el vol allunyant-se; els nostres membres es relaxen, i el nostre neguit es torna assossec.

»Llavors les nostres preocupacions ja no poden apesarar-nos, ni l'alegria alienar-nos: a tot arreu ens sentim en calma, i la pau regna en els nostres cors.

»L'humor del qui ha eliminat l'egoisme és estable i tranquil. Ni s'ofèn ni s'oposa a ningú. Es queda apartat, complint la seva tasca amb assiduïtat i agradant en cada instant la dolça tranquil·litat de la seva ànima. »

»El savi, el que s'ha alliberat per complet de l'egoisme, s'allibera de l'«oceà de la ignorància que envolta el món i que es desborda

483 KALABADHI, *Traité de soufisme*, p. 60.

484 RUMÍ, *Fihi-ma-Fihi*, p. 171.

485 KALABADHI, *Traité de soufisme*, p. 156.

sobre l'ànima igual que les aigües salades volten i banyen una illa; i les distincions que fem en dir 'jo' i 'meu' són les ones d'aquesta mar del nostre error».

Això és el que entén Valmiki per «savi»[486].

En la tradició budista, es diu a l'*Udana*: «Aquell en qui no existeixen ni hipocresia ni orgull, que ha superat la cobdícia, que està lliure d'egoismes i de desitjos, que ha expulsat de si la còlera, completament asserenat, aquell és un braman, aquell és un samana, aquell és un *bhikkhu*»[487].

El savi és el que comprèn l'il·limitat, perquè té una saviesa il·limitada[488].

El savi és el que és «fresc com una font en el món infinit»; el que és lliure i creatiu «en un món de l'infinit i de l'absolut»[489].

És savi el que és capaç de viure senzillament la seva vida quotidiana amb una profunditat sense límits, com canta el vers zen de Nansen:

«Bevent te, menjant arròs,

passo el meu temps tal com ve;

observant el riu, contemplant les muntanyes,

Que serè i descansat en veritat em sento!»[490]

Savi és el que ha desenvolupat una nova manera de veure les coses, fins al punt que allò que a un altre li pot semblar que no és més que una pedra, per a ell és una perla[491].

Savi és la persona serena que està lliure d'odis i de pors[492].

486 VALMIKI, *El mundo está en el alma*, p. 81-82.

487 UDÂNA, p. 101.

488 DAISHI, Y., *Shodoka: el Canto del inmediato Satori*, p. 176.

489 *Ibid.*, p. 225 .

490 SUZUKI, D.T., *Ensayos sobre budismo zen*, v. 1, p. 289.

491 SHAH, I., *Les souis et l' ésotérisme*, p. 117.

492 DHAMMAPADA (XIX, 258), p. 186.

Savi és qui aconsegueix unir, com el Buda, al costat del títol del «Gran Il·luminat», el títol del «Gran Compassiu»[493].

Savi és aquell que «és un tresor de dolçor», perquè posseeix un goig al cor que no li ha arribat ni d'aquí ni de fora[494].

Savi és el que es basta a si mateix[495].

Diu Rumi: «El veritable asceta és aquell que té la fi sempre davant els seus ulls. Els humans del món són aquells que no veuen més enllà de l'estable. Pel que fa als privilegiats, els iniciats, ja no veuen ni la fi ni l'estable; per contra, contemplen solament l'origen i el reconeixen en cada cosa»[496].

El veritable savi és el que sap que sap, però no sap el que sap[497].

Els savis són els hereus dels profetes[498].

«L'ésser humà perfecte és l'ull amb el qual Déu veu les seves pròpies obres»[499].

El savi no és algú distanciat de la gentada, que menyspreï a les persones o les coses que l'envolten; el savi, «l'habitant del desert interior, mira amigablement la gentada. No li queda hostilitat o ironia. Somrient amb tendresa, sap que tots són cridats i que hi haurà molts triats»[500].

«L'habitant del desert interior és seduït per la bellesa del món»[501].

493 HUMPHREYS, C., *Concentración y meditación*, p. 100.

494 RUMI, *Odes mystiques* (1078), p. 317.

495 RUMÍ, *Fihi-ma-Fihi*, p. 18.

496 *Ibid.*, p. 39.

497 HUMPHREYS, C., *Une approche occidentale du zen*, p. 198.

498 CORBIN, H., *Histoire de la philosophie islamique*, p. 92.

499 VITRAY-MEYEROVITCH, E., *Mystique et poésie en Islam*, p. 278.

500 DAVY, M .M. *op. cit.*, p. 20.

501 *Ibid.*, p. 207.

El savi és algú que no posseeix res, pobre, deslligat de tot. Comenta un text budista: «Com recordo els antics mestres la llar dels quals no era millor que l'ombra d'un arbre!»[502].

Per arribar a ser savi cal despullar-se de tot, no només de les coses materials. Cal abandonar, enderrocar-ho tot, en un mateix tot, fins i tot allò que sembla més noble, si ens impedeix quedar-nos sols i nus. En relació a això hi ha aquest dur text del Mestre Rinzai:

> «Oh vosaltres seguidors de la veritat: si desitgeu obtenir una comprensió ortodoxa del Zen, no sigueu enganyats pels altres. Si trobeu qualsevol obstacle, internament o externament, derroqueu-lo lluny. Si trobeu el Buda, mateu-lo; si trobeu el Patriarca, mateu-lo; si trobeu l'*Arhant* o el pare o parent, mateu-los a tots sense vacil·lació, perquè aquest és l'únic mitjà d'alliberament. No us enredeu amb cap objecte; estigueu per damunt; passeu i sigueu lliures. Veig els denominats seguidors de la Veritat per tot el país, i no n'hi ha cap que vingui a mi lliure i independent dels objectes. En tractar-los, els derroco, vinguin d'on vinguessin. Si confien en la força de les seves armes, els llevo la vida; si confien en la seva eloqüència, els faig callar; si confien en l'agudesa dels seus ulls, els encegaré. Fins ara no hi ha ningú que s'hagi presentat davant meu totalment sol, totalment lliure, totalment únic. Tots estan invariablement atrapats pels vans ardits dels vells Mestres. En realitat, res tinc per donar-vos; tot quant puc fer és curar-vos de les malalties i deslliurar-vos de l'esclavitud»[503].

502 SUZUKI, D.T., *Ensayos sobre budismo zen*, v. l, p. 380.
503 *Ibid.*, p. 383.

15
El resultat del coneixement complet: la unitat

El coneixement complet és un estat de lucidesa massiu, sense fissures, on la dualitat entre objectes i subjectes desapareix i on la pluralitat de tot el que existeix es resol en unitat perfecta.

Per fer comprendre que el coneixement complet és realitzar aquesta perfecta unitat, el millor serà adduir un conjunt de textos pertanyents a les diverses tradicions. L'acumulació de textos clàssics que parlen de la Unitat des de diverses perspectives pot ajudar a comprendre millor cadascun dels textos i el sentit de tots ells.

«La il·luminació és un estat absolut de la ment, en el qual no té lloc la discriminació»[504].

És un estat en el qual es produeix la unitat absoluta en qui coneix, en el conegut i entre qui coneix i el conegut.

El dolor i la misèria són deguts a l'acumulació de pensaments i discriminacions. Quan els pensaments s'unifiquen i s'orienten tots en la mateixa direcció, desapareix la misèria i s'estableix la joia en la unitat[505].

El *Samadhi* és el coneixement silenciós que realitza la unitat. És un estat unificat que coneix la unitat. El Samadhi és un estat contemplatiu que capta l'objecte sense projectar-hi res, sense l'ajuda de categories o de la imaginació; un estat en el qual l'objecte es revela en si mateix, en el que té de propi i com si «estigués buit en si mateix».

El *Samadhi* és un estat invulnerable, completament tancat als estímuls.

---

504 SUZUKI, D.T., *Ensayos sobre budismo zen*, v. 1, p. 136.
505 MAHARSHI, R., *L'enseignement de Ramana Maharshi*, p. 318.

En el *Samadhi* coincideixen els contraris, no sols simbòlicament, sinó experimentalment.

En el *Samadhi* es transcendeixen els contraris i es reuneixen en una experiència única el buit i el ple fins a vessar, la vida i la mort, l'ésser i el no-ésser.

En el *Samadhi* es refà la no-dualitat, queda abolit el temps, l'espai i la bipartició del real en objecte-subjecte.

En el *Samadhi*, el viatger turmentat per la set, que troba un pou en el desert, no s'acontenta amb anomenar l'«aigua», ni s'acontenta amb tocar-la amb el seu cos, sinó que sadolla la seva set, la beu.

Pel *Samadhi* un s'introdueix en un etern present fora del temps.

«L'alliberat en vida no gaudeix d'una consciència personal, és a dir, alimentada per la seva pròpia història, sinó d'una consciència testimoni, que és lucidesa i espontaneïtat pures»[506].

La discriminació està unida a la inclinació[507]. Qui, pel desaferrament, comprèn que totes les coses estan més enllà de la discriminació, qui comprèn que la veritat està buida de separació és conduït a la unitat[508].

Sobre la unitat a la qual condueix el coneixement complet citarem aquest bellíssim text de Valmiki:

«Escolta, oh Rama, aquesta saviesa, que és la convicció de qui coneix la Veritat. El conjunt del vast món que perceps és l'immaculat Brahman que gaudeix de la seva pròpia glòria. Així com són aigua les ones que sorgeixen de l'oceà, així també tots els objectes que veus són Brahman. L'amic és Brahman i l'enemic també ho és. Es troba eternament establert en la seva pròpia existència. Oh Rama, els qui tenen aquesta convicció estan lliures d'amor i d'aversió i tenen felicitat. Sàpigues, oh Rama, que la

---

506 ELIADE, M., *Patanjali et le yoga*, p. 178.
507 SUZUKI, D.T., *Essais sur le bouddhisme zen*, v. 3, p. 312.
508 *Ibid.*, p. 115.

presència és Brahman i que l'absència també ho és. Res està fora de Brahman, i els qui ho saben ja no tenen inclinació ni antipatia.

»Brahman coneix Brahman i està establert en el seu propi Si. Oh Rama, Brahman és "Jo soc"; és el Si interior. La mort és Brahman; el cos és Brahman. Brahman mor i Brahman mata. De la mateixa manera que es veu la serp en la corda, es veuen també en Brahman alegria i dolor. El que les ones són a l'aigua, és el món a Brahman. Els veritables vidents ho perceben; però els altres, que no han conegut encara la Veritat, veuen de mode diferent. Qui coneix, veu Déu a tot arreu; l'ignorant veu el món en tota la seva diversitat i sofreix com sofreix un nen que imagina que la seva ombra és un fantasma»[509].

«L'ignorant veu per aquí plaer i per allà dolor; però el savi tot ho veu com a reflex del gran Atman subjacent i per aquesta raó no es veu afectat per res»[510].

La mateixa imatge de l'oceà i les ones és emprada per altres tradicions: «Així com les ones són produïdes per l'aigua mateixa, d'igual manera ha d'entendre's que totes les coses són brots de la ment, que, en la seva pròpia naturalesa, és Buit»[511].

«Cada vegada que el vell oceà aixeca una nova ona, se l'anomena "una ona"; però, segons la Realitat, és l'oceà»[512].

«L'oceà és un, però les seves ones són múltiples: si tu sobrepasses la multiplicitat, veuràs l'oceà en cada ona»[513].

L'Autorealització és un estat d'acabament intern que transcendeix tot pensar dualista[514].

---

509 VALMIKI, *El mundo está en el alma*, p. 86-87.

510 *Ibid.*, p. 110.

511 EVANS-WENTZ, W .Y . (ed.), *Yoga tibetano y...*, p. 180.

512 LORY, P., *op. cit.*, p. 162.

513 VALAD, S., *Maître et disciple*, p. 84.

514 HUMPHREYS, C., *Concentración y meditación*, p. 134.

Diu Rumi: «No hi ha lloc per a dos "Jo" davant de Déu. Tu dius "jo", i Ell diu "Jo"; o bé mors tu o bé Ell ha de morir enfront de tu; a fi que tota dualitat desaparegui.

»No obstant això, Ell no pot morir, ni objectiva ni subjectivament, ja que "Ell és el vivent, el que no mor mai"...; mor tu mateix, a fi que Ell es manifesti en tu i s'elimini la dualitat»[515].

Un altre sufí, Jami, diu: «Tot era u, no hi havia dualitat, ni germen o petjada de "teu" o "meu"»[516].

La naturalesa de la «"no-dualitat" és la naturalesa dels budes, de la veritat»[517].

Sobre el mateix tema, «el Senyor dels *Yogins*, Milarepa, ha dit: "El somni que vaig somiar anit, en el qual vaig veure els fenòmens i la ment com una sola cosa, va ser un mestre; no ho entens així, oh Deixeble?"»[518].

L'essència de l'ensenyament d'un dels sutres bàsics del zen, el *Hannya Shingyo* diu: «Els fenòmens no són diferents de *Ku* ("el Buit"); *Ku* no és diferent dels fenòmens»[519].

Quan la unitat és perfecta, s'ha acabat la discriminació entre la veritat i les il·lusions. Es diu en el *Shodoka*:

«No buscar la veritat,

no tallar les il·lusions.

Ja que jo comprenc clarament

que aquests dos elements

són *ku*, informes»[520].

515 RUMÍ, *Fihi-ma-Fihi*, p. 44.

516 NICHOLSON, R.A., *Los místicos del Islam*, p. 94.

517 HUMPHREYS, C., *Concentración y meditación*, p. 139.

518 EVANS-WENTZ, W.Y. (ed.), *Yoga tibetano y...*, p. 178.

519 DAISHI, Y., *Shodoka: el Canto del inmediato Satori*, p. 19.

520 *Ibid.*, p. 151.

Quan s'aprèn a veure, tot és translúcid, tot parla una paraula de veritat, tant si és real com si és imaginació, il·lusió.

«Tot és un, l'intern i l'extern, el Buda i els éssers sensibles»[521].

El mateix pensament s'expressa en un text hindú:

«Brahman no és només ninguna —de cap manera—, sinó també sarvaguna —de tota manera—; i se salva —coneix Brahman— qui veu que aquestes són una i la mateixa cosa, que tots dos mons són un només»[522].

La perfecta unitat i unificació s'expressa en aquests bells textos:

«Davant meu i rere meu, i en les deu direccions,
miri on miri, només veig Això;
avui, oh Protector, la il·lusió s'ha trencat.
Des d'ara no requeriré res a ningú»[523].

«Si un ha entès plenament, totes les coses són Això;
ningú descobrirà una altra cosa que Això.
El que es llegeix és Això, el que memoritza és Això
i el que medita és també Això»[524].

«Sobre les glaceres de l'Himàlaia
no creix més que una herba
pura i sense mescla.
Ella dona, exclusivament,
l'essència del gust»[525].

«Sobre la superfície de la terra,
sota la volta dels cels,
allà on giri la meva vista,

521 SUZUKI, D.T., *Le non-mental selon la pensée zen*, p. 184.

522 COOMARASWAMY, A .K ., *op. cit.*, p. 148.

523 EVANS-WENTZ, W.Y. (ed.), *Yoga tibetano y...*, p. 176.

524 *Ibid.*, p. 179-180.

525 DAISHI, Y., *Shodoka: el Canto del inmediato Satori*, p. 166.

és només a Tu a qui veig»[526].

«La veu de les valls,
el color de les muntanyes,
donen una gran conferència de Buda»[527].

«Una sola lluna
es reflecteix en totes les aigües,
tots els reflexos
de la lluna a l'aigua
provenen d'una sola lluna»[528].

Diu el gran místic musulmà Shabestarî: «Tot el que et sembla un altre que Déu és el producte de la teva imaginació»[529].

Tot és un, també la vida i la mort. Deia el Mestre Kassa: «Si Buda existeix en la vida i en la mort, vida i mort no existeixen»[530].

Tot és u, el bo i el dolent. «Tot el que existeix ets tu; el no-existent ets també tu. Com expressar-se? La dretura ets tu, i la sinuositat»[531].

En el *Prajnâ-Paramitâ* s'ensenya a esborrar tots els punts possibles de fixació o de referència en la nostra consciència, per conduir-nos a un món de no-referencia que és una no-mansió. Quan no es construeix el món des de la referència al jo i les seves necessitats i desitjos, el món és una no-referència. Tampoc és una mansió, perquè no hi ha jo que hi habiti.

Quan el món és «no-referència», és absoluta unitat. Quan s'aconsegueix veure la realitat en si mateixa, sense construir-la en referència a un jo que és un subjecte de necessitats, una estructura de necessitats, el món perd l'articulació i pluralitat que li imposen

526 VALAD, S., *Maître et disciple,* p. 63.
527 DAISHI, Y., *Shodoka: el Canto del inmediato Satori,* p. 63.
528 *Ibid.*, p. 168.
529 VITRAY-MEYEROVIT CH, E., *Anthologie du soufisme,* p. 193
530 DAISHI, Y., *Shodoka: el Canto del inmediato Satori,* p. 119.
531 ATTAR, F., *Le livre divin,* p. 67.

les necessitats del jo. Llavors el món no és una casa, perquè no hi ha resident. Ni el món és una mansió ni hi ha en ell cap mansió.

Per aquesta raó mateixa, no hi ha persona que ensenyi, ni matèria ensenyada, ni auditori[532].

La unitat que cal aconseguir tampoc és una meta. «Les metes construïdes mentalment, encara que nobles, conclouen en desil·lusió, i l'Això que-transcendeix-la-ment no pot anomenar-se una meta»[533].

Deia Djâmî pel que fa al camí cap a Déu, la Unitat:

«Abans t'imaginava exterior a mi mateix; et suposava al final del meu viatge. Ara que t'he trobat, sé que era a tu a qui abandonava des del meu primer pas»[534].

Només Ell existeix, no hi ha una altra cosa.

«Déu només existeix i no una altra cosa que Ell.

Ell és al final el que ja era al principi:

Essencialment Un; no existeix una altra cosa»[535].

«No vegis més que U,

no diguis més que U,

no coneguis més que U.

En això es resumeixen les arrels i les branques de la fe»[536].

«No existeix sinó Déu. Una altra cosa no existeix.

No existeix més que la seva essència i voluntat.

Tot quant en l'ésser existeix és Déu.

Tot quant en l'aparèixer existeix és criatura»[537].

---

532 SUZUKI, D.T., *Essais sur le bouddhisme zen,* v. 3, p. 312.

533 EVANS-WENTZ, W .Y. (ed.), *Yoga tibetano y...,* p. 168.

534 VITRAY-MEYEROVITCH, E., *Anthologie du soufisme,* p. 126.

535 NASR, S.H., *Essais sur le soufisme,* p. 43.

536 *Ibíd.,* p. 68.

537 IBN ARABI, en ASIN PALACIOS M., *El Islam cristianizado,* p. 253.

«El sufí és aquell que no veu en els dos mons una altra cosa que Déu»[538].

«L'Essència de Déu i el seu Ésser són U; el seu Ésser i l'ésser de l'univers són u; l'ésser de l'univers i l'univers són u, a la manera de la llum, que canvia de nom, però no de realitat: per a la percepció exterior és una i per a l'ull de la percepció interior és també una. Així és l'ésser de l'univers en relació amb l'Ésser de Déu —és u— perquè l'univers, considerat independentment, no existeix. La seva existència exterior no és més que aparença i no realitat. Així, la imatge del mirall, encara que posseint una forma, no posseeix una veritable existència»[539]. Text de Hamzah Fansûrî.

«La unitat a la qual es vol arribar entre l'ésser relatiu i l'Ésser absolut està consumada des de tota l'eternitat, perquè l'essència de tots els éssers és una sola, i és l'Essència de l'Ésser Pur mateix. Hi ha virtualment Identitat Suprema entre cada ser i l'Ésser Suprem, del qual no se n'han separat mai en la seva relació essencial.

»La realització metafísica no és més que la Visió efectiva d'aquesta Realitat oblidada i oculta en el misteri profund de l'ésser»[540].

La Unitat és una completa transformació de l'ésser humà. «El que ha vist Déu es converteix en Déu, perquè és Déu qui veu Déu»[541]. «El Rei és tot en tot, el meu assassí i el meu salvador; si no és les dues coses, no és res de res»[542].

Rumi explica una bella història en la qual s'expressa que la Veritat i l'Amor són Unitat total on només Ell existeix:

«Una vegada, un home va arribar a la porta del seu amic. El seu amic va dir: "Qui ets, oh fidel?" Ell va dir: "Soc jo". Ell va respondre: "No hi ha admissió. No hi ha lloc per al cru en la meva

538 SHIBLÎ, en VITRAY-MEYEROVITCH, E., *Anthologie du soufisme*, p. 24.

539 *Ibid.*, p. 249-250.

540 M. VALSÁM, introducción a ARABI, lbn, *Le livre de l' extinction dans la contemplation*, p. 12.

541 VALAD, S., *Maître et disciple*, p. 4

542 RUMÍ, *El Masnavi*, p. 375.

festa ben cuita. Res, sinó el foc de la separació i l'absència, pot coure el cru i deslliurar-lo de la hipocresia! Com que el teu ego encara no t'ha deixat, has de cremar en vives flames". El pobre home es va allunyar i durant tot un any va viatjar cremant de dolor per l'absència del seu amic; el seu cor va cremar fins que va estar cuit; llavors va tornar i es va acostar a la casa del seu amic. Va trucar a la porta amb por i torbació que alguna paraula descurada pogués caure dels seus llavis.

»El seu amic va cridar: "Qui hi ha a la porta?"

»Ell va respondre: "Ets Tu qui és a la porta, Oh Estimat!"

»L'amic va dir: "Com que tu ets jo, entra, oh! jo mateix. No hi ha lloc per a dos *jos* en una casa"»[543]

Sultà Valad, el fill de Rumi, diu: «La perfecció és convertir-se en Déu mateix. Quan el coure s'ha transmutat en or, se l'anomena or, no es diu que és *coure*»[544].

«Quan l'esperma s'ha transformat en un ésser humà, ja no se l'anomena esperma. Sàpigues que, quan un humà ha assolit l'Ésser, no se l'anomena més humà.

»Oh ignorant! Pots dir que pertanyo encara a l'espècie humana?»[545].

Qui assoleix el coneixement complet és «l'ésser humà unificat en si mateix, que aporta al seu entorn el perfum de la santa unitat: la Presència que no té nom i que fa esdevenir a la persona anònima i, per això mateix, universal; que la deïfica i la submergeix en el si dels Misteris»[546].

El coneixement complet és l'assoliment de «la fusió dels diversos aspectes del nostre complex ésser en una unitat radiant i sense límits»[547].

543 *Ibíd.*, p. 64-65.

544 VALAD, S., *Maître et disciple*, p. 170 .

545 *Ibid.*, p. 171.

546 DAVY, M.M., *Le désert intérieur*, p. 188.

547 HUMPHREYS, C., *Concentración y meditación*, p. 175.

16

El coneixement complet
ha d'assolir-se en aquesta vida,
perquè es un coneixement
per a vius, no per a morts

El místic sufí Attar diu: «Oh tu, que busques el misteri! Intenta descobrir-lo abans que la vida et sigui arrabassada; perquè si, estant viu, no ho trobes per tu mateix, com coneixeràs quan moris el secret de la teva existència?»[548].

Cal arribar en aquesta vida mateixa a una mena de coneixement que va més enllà de la interpretació, un coneixement que acompanya el silenci de la interpretació.

Diu Don Juan: «Transformar aquesta meravella d'aquí en raonament no serveix estrictament per a res. Aquí, al voltant nostre, es troba l'eternitat mateixa. Intentar reduir-la a una absurditat manipulable és, no sols mesquí, sinó, a més, francament desastrós»[549].

Aquí mateix, en aquest instant mateix, es pot aconseguir tot el que cal conèixer. Aquest instant mateix és el més enllà del temps i de l'espai.

«En un sol instant
vuitanta mil portes són creades;
en un sol instant
el temps etern és consumat»[550].

---

548 R, F., *El lenguaje de los pájaros*, p. 175.
549 CASTANEDA, C., *Histoires de pouvoir*, p. 38.
550 DAISHI, Y., *Shodoka: el Canto del inmediato Satori*, p. 172.

«En un instant es consuma el temps etern. Un sol moment és complet i dura l'eternitat. Viure aquí i ara. No pensar en el futur. L'instant present és com el temps etern. Si no es viu l'instant, no existeix l'eternitat»[551].

«Qui no coneix el valor del més petit instant de la vida no pot pretendre una vida il·limitada»[552].

La veritat és aquí i ara, i és extremadament simple. Per això els autors budistes arriben a afirmar: «hi ha el goig del món, no hi ha una altra cosa»[553].

Un altre autor budista diu: «La salvació ha de buscar-se en el finit mateix; no hi ha res infinit, a part de les coses finites; si busques una cosa transcendental, això et segregarà d'aquest món de relativitat, que és el mateix que aniquilar-se. No vulguis la salvació a costa de la teva pròpia existència. Si és així, beu i menja, i troba la teva modalitat de llibertat amb aquest beure i menjar»[554].

«No hi ha cap altre infinit, diu Suzuki, que les coses finites, i una manera infinita de fer les coses finites»[555].

Vida quotidiana, senzilla i serena: aquí cal realitzar la suprema saviesa.

«Bevent te, menjant arròs,
passo el meu temps tal com ve;
observant el riu, contemplant les muntanyes,
que serè i descansat
veritablement em sento!»[556].

---

551 DESHIMARU, T., comentarios a DAISHI, Y., en *La pràctica de la concentración*, p. 173.

552 ATTAR, F., *Le livre divin*, p. 253.

553 BAYLE DE JESSÉ, B., *Houa-T'eou*, p. 199.

554 SUZUKI, D.T., *Ensayos sobre budismo zen*, v. 1, p. 25.

555 HUMPHREYS, C., *Une approche occidentale du zen*, p. 166.

556 NANSEN, en SUZUKI D.T., *Ensayos sobre budismo zen*, v. 1, p. 289.

Diu Rumi: «La vida eterna irradia des de les fulles del jardí; ni por al canvi, ni motiu de retret existeix»[557].

«Un monjo va preguntar a Wei-kuan de Hsing-shan Se: "Què és el Tao?" Wei-kuan: "Quina bella muntanya!" El monjo: "Li pregunto sobre el Tao. Per què em parla de la muntanya?" Wei-kuan: "Mentre no conegui la muntanya, no té cap possibilitat d'aconseguir el Tao"»[558].

Un altre mestre, Segen Ishin, va dir: «Abans de començar a estudiar Zen, les muntanyes són muntanyes i les aigües són aigües; i després d'intuir la veritat del Zen mitjançant la instrucció d'un bon mestre, les muntanyes ja no són muntanyes ni les aigües són aigües; però, després d'això, quan s'aconsegueix realment l'estatge del descans, les muntanyes tornen a ser muntanyes i les aigües són aigües»[559].

El que les coses de la vida quotidiana diuen de per si és un discurs eloqüent sobre la veritat summa.

«El so de la vall
dona una llarga i gran conferència.
Ha cantat 84.000 *sutres*.
Com podria demà parlar d'ella?»[560].

Res és realment el que sembla ser. Diu un autor zen: «Oh monjos, sou aquí reunits, consumint tants llegums cada dia... Però, si les anomeneu un mer manat de llegums, aneu a l'infern tan directament com vola una fletxa».

La vida quotidiana ha d'adquirir una altra dimensió que la transformi completament; en cas contrari, no es produeix el coneixement que salva.

La perfecta unió d'aquesta vida quotidiana senzilla amb la dimensió infinita del coneixement es reflecteix en aquest bellíssim vers haiku:

557 RUMI, *Odes mystiques* (327), p. 152.
558 SUZUKI, D.T., *Le non-mental selon la pensée zen*, p. 130.
559 SUZUKI, D.T., *Ensayos sobre budismo zen,* v. 1, p. 24.
560 DESHIMARU, T., *La pràctica de la concentración*, p. 252.

«En el vell estany salta una granota...
Oh, el so de l'aigua!» (Basho)[561].

O aquest altre vers zen:

«Ha arribat? Ha arribat?
Vaig a la riba a trobar-me amb ell .
Mes a la riba no hi ha res, excepte brisa
que canta entre els pins»[562].

Tant les disciplines budistes com el *Prajñaparamita* insisteixen i condueixen al despertar interior, però aquí mateix, en aquestes condicions quotidianes de vida, sense fugir d'elles. No cal buscar lluny; en un mateix cal trobar la veritat suprema.

«Yu-tu va preguntar a Tao-t'ing, un altre deixeble de Ma-tsu: "Qui és Buda?" El mestre el va cridar: "Oh, Yu-tu!" Yu-tu va respondre: "Sí, Mestre!" A la qual cosa el mestre va dir: "No busquis en una altra part"»[563].

Igualment deien Nansen i Baso: «El vostre mental de cada dia és el Tao»[564].

En la vida quotidiana i en un mateix. No cal anar més enllà d'un mateix.

«Quan es parteix a la cerca de la font del "jo"», diu Ramana Maharshi, «es descobreix que no queda més que el "Jo" primordial». La seu de la realització està a l'interior, i no la hi pot trobar en l'exterior. Aquesta seu és la Felicitat, el nucli central de tots els éssers. Per això se'l denomina el Cor.

L'únic fi de la nostra present existència és que ens girem cap a l'interior i que el realitzem. L'ésser humà no té res més a fer»[565].

---

561 SUZUKI, D.T., *Ensayos sobre budismo zen,* v. 2, p. 237.

562 SUZUKI, D.T., *Essais sur le bouddhisme zen,* v. 3, p. 113.

563 SUZUKI, D.T., *Le non-mental selon la pensée zen,* p. 117.

564 *Ibid.,* p. 189.

565 MAHARSHI, R., *L'enseignement de Ramana Maharshi,* p. 171.

En el *Kena Upanishad* es llegeix: «El nostre Ésser propi (el Jo primordial, la veritat absoluta) ha de ser conegut aquí mateix, en aquesta vida. Tal és el precepte. Com? [...] Si el nostre Ésser propi és conegut aquí, llavors hi ha veritat suprema i la finalitat de l'existència s'ha aconseguit; aquesta és la intenció. Si el nostre Ésser propi no és conegut, la vida és inútil. Hi haurà llavors destrucció constant en el cicle incessant de naixements i morts. És per a posar fi a això pel que ha de ser conegut el nostre Ésser propi »[566].

Una vegada que s'ha franquejat un cert pas fronterer, «això mateix» de la vida quotidiana és tot el que cal trobar.

«El gran camí no té portes,

Però, que entrecreuats són els passatges!

Una vegada transposat aquest pas fronterer,

recorres en real solitud l'univers»[567] .

Perquè, en realitat, «l'infinitament llunyà no sols és proper, sinó infinitament proper. No està enlloc, però no hi ha cap lloc en el qual no estigui. És la identitat mística dels contraris»[568].

Diu Suzuki: «La Vacuïtat se'ns ofereix sense parar; està constantment amb nosaltres i en nosaltres; ella condiciona tot el nostre coneixement, tots els nostres actes; és la nostra vida mateixa. Només quan intentem atrapar-la i tenir-la com un objecte davant de la nostra vista, se'ns escapa, burla tots els nostres esforços i s'esvaeix com el fum. Ens atreu contínuament, però ens fuig com un foc follet»[569].

Aquest últim text ens adverteix amb claredat que cal cercar-lo aquí mateix, en nosaltres mateixos, com el nostre propi fonament, però de cap manera amb un coneixement objectivador, amb un coneixement interpretador, sinó silenciós i unitiu.

---

566 MARTIN-DUBOST, P.; *Ankara et le Vedánta*, p. 59.

567 HUI-K'AI, en SUZUKI, D.T., *Ensayos sobre budismo zen* , v. 2, p. 270.

568 HUMPHREYS, C., *Une approche occidentale du zen*, p. 65 .

569 SUZUKI, D.T., *Le non-mental selon la pensée zen*, p. 87.

17
Caràcters del camí
al coneixement complet

El camí del coneixement no s'allunya de la simplicitat de la vida quotidiana. El que cal fer per seguir aquest camí no és allunyar-se de la vida corrent, sinó comprendre, veure directament. Un deixeble es queixava al seu mestre:

«Des que vaig acudir a tu, no vaig ser instruït per a res en l'estudi de la ment. El mestre va explicar: "Des que vas arribar a mi, sempre et vaig estar indicant com estudiar la ment". "De quin mode, senyor?" "Quan em vas portar una tassa de te, no te la vaig acceptar? Quan em vas servir menjar, no vaig donar compte d'ell? Quan em fas reverències, no te les retorno? Quan vaig descurar mai el donar-te instruccions?" Ryutan va estar capcot una estona. I el mestre li va dir: "Si vols veure-hi, veu-hi directament en això; però quan mires de pensar-hi, es perd per complet"»[570].

El que cal veure no és res, però que meravellós! «Que meravellós i sorprenent resulta això: Jo trec aigua, jo transporto llenya!»[571]. El camí del savi és un camí ocult per a qui no l'ha recorregut. És un camí, diu el Buda, «que no coneixen ni els déus, ni els *gandharves*, ni els humans»[572].

El camí del coneixement és el camí de la seguretat; i diu Rumi que «es pot mostrar el món del temor i les etapes del temor. Però les etapes de la seguretat no deixen empremta»[573].

570 SUZUKI, D.T., *Ensayos sobre budismo zen*, v. 1, p. 331-332.

571 SUZUKI, D. T., *Introducción al budismo zen*, p. 120.

572 DHAMMAPADA (XXVI, 419-420), p. 226.

573 RUMI, *Fihi-ma-Fihi*, p. 69.

Les etapes del coneixement són les etapes de la certesa. El coneixement de la certesa es converteix finalment en intuïció de certesa[574].

El camí de les certeses que no deixen empremta és un «no camí». Referent a això diu el mestre Huang Po: «Vosaltres no veieu que la doctrina fonamental del *dharma* ("camí") és que no hi ha *dharmes*: però que la doctrina del no-dharma és per si mateixa un dharma; i ara que la doctrina del *no-dharma* ha estat transmesa, com és possible que la doctrina del *dharma* sigui un *dharma*? Qualsevol que ho comprengui mereix ser anomenat "Monjo ben versat en la pràctica del *Dharma*"»[575].

El camí és que no hi ha camí. La doctrina del no-camí és el veritable camí.

En realitat, el que anomenem «camí» és el nostre dubte[576].

Per arribar al coneixement complet no existeix ni camí, ni sistema, ni tècnica, ni dogmatisme assegurador[577]. Recorrent aquest camí que és un no-camí, sempre anem solos.

«Anem sempre sols,
marxem sempre sols.
Sobre el camí del nirvana,
només van plegats
aquells que s'han realitzat»[578].

Conten que Mahoma va dir que «les senderes per a arribar a Déu són tants com les ànimes dels humans»[579].

---

574 VITRAY-MEYEROVITCH, E., *Mystique et poésie en Islam*, p. 106.
575 BLOFELD, J., *Enseñanzas zen de Huang Po*, p. 82.
576 HUMPHREYS, C., *Une approche occidentale du zen*, p. 213.
577 DAVY, M. M. *op. cit.*, p. 19.
578 DAISHI, Y., *Shodoka: el Canto del inmediato Satori*, p. 68.
579 GURAIEB, J.E., *op. cit.*, p. 93.

I els mestres sufís insisteixen que hi ha tants camins com humans que busquen Déu, i que «cadascun llegeix l'Alcorà com si li fos revelat a un mateix en aquest instant»[580].

En el camí no hi ha normes fixes i infal·libles. «Hi ha molts pecats beneïts i molts actes de submissió a Déu que són nefastos»[581].

Hi ha un saber ocult que és el que guia. Aquest saber és el que condueix.

«Vas ser conduït i estàs aquí; així també seràs conduït a través de cent mons diferents. No neguis, doncs, aquests prodigis; i, si et parlen d'ells, accepta'ls»[582].

La ciència que guia en el camí és una ciència que actua des de la foscor de la interioritat; i ho fa dilatant el cor[583].

Per ser guiat correctament cal sortir de si mateix. En les tradicions del Profeta Mahoma es conta que va dir Déu: «Uniu-vos a mi i sortiu de vosaltres mateixos, a fi que "Jo" em converteixi en el vostre "jo"». I «sortiu de la vostra existència, a fi que la meva existència sigui la vostra existència. Perquè, "quan estimo al meu serf", em converteixo per a ell en oïda, ull, llengua i mà»[584].

En el llibre de Sultà Valad es llegeix: «Si tallem el coll de l'ànima carnal i del desig, els aniquilem; quan talles el coll al desig de la taverna, és el desig de la mesquita el que neix»[585].

Aquest nou desig que ha nascut a l'interior és el que guia.

El camí és un camí d'humilitat, dolçor i generositat[586].

---

580 VITRAY-MEYEROVITCH, E., *Rumí et le soufisme*, p. 81.

581 VALAD, S. *Maître et disciple*, p. 68.

582 RUMI, *Fihi-ma-Fihi,* p. 155.

583 ATTAR, F., *El lenguaje de los pájaros,* p. 231.

584 VALAD, S., *Maître et disciple*, p. 53.

585 *Ibid.*, p. 177.

586 ATTAR, F., *Le livre divin*, p. 263.

El terme del camí del coneixement és la unitat[587].

En el camí del coneixement, el primer pas és allunyar-se d'un mateix, per advertir així que en realitat «no existeix "un mateix" i que no existeix res, excepte Déu»[588].

Aquest procés d'allunyament de si mateix és un procés de transformació. «Deixeble del camí, crisàlide d'un àngel, treballa per a la teva eclosió futura, perquè l'Odissea divina no és més que una sèrie de metamorfosis més i més etèries, on cada forma, resultat de les precedents, és la condició de les quals seguiran.

»La vida divina és una sèrie de morts successives en les quals l'esperit rebutja les seves imperfeccions i els seus símbols i cedeix a l'atracció creixent del centre de gravitació inefable del sol de la intel·ligència i de l'amor»[589].

El procés és sempre cada vegada més subtil, sempre guiats per la Intel·ligència-Amor.

Quan un és així guiat en aquest procés, tot el que fa és just i en el seu camí no hi ha error[590].

La transformació és una transformació del coneixement. «El que a algú li pot semblar que no és més que una pedra, diu Rumi, és una perla per a aquell que sap»[591].

I aquesta transformació del coneixement és tal que l'ésser humà es converteix en Déu. «Quan el coure s'ha transmutat en or, se l'anomena or, no es diu que és *coure*»[592].

Som deïficats, perquè neix Déu en nosaltres[593].

---

587 ATA ALLAH, *op. cit.*, p. 82.

588 VITRAY-MEYEROVITCH, E., *Rumí et le soufisme*, p. 162.

589 *Ibid.*, p. 92.

590 VALAD, S., *Maître et disciple*, p. 45.

591 SHAH, l., *Les souis et l' esotérisme*, p. 117.

592 VALAD, S. *Maître et disciple*, p. 170.

593 PSEUDO-DENYS, *Oeuvres Completes*, p. 252.

No obstant això, aquesta transformació no és una real transformació, perquè, com deia Diàdoc de Foticea, «l'humà no és transformat en el que no és; és renovat gloriosament en el que ja era»[594].

a) La guia cap al coneixement és el discerniment interior

El real és més subtil que l'imaginari i només ho perceben els que «han mort abans de morir»[595].

Es necessita un criteri subtil per discernir el veritablement real del que no ho és. Aquest criteri subtil és el que anomenem «discerniment».

Pregunta Castaneda: «Com sabré que he vist, que estic veient?».

Respon Don Juan: «Sabràs. Et confons només quan parles»[596].

El criteri de veritat funciona des del si del silenci. El discurs no és capaç de conduir-nos a la realitat subtil.

Diu Rumi que, «si alguna vegada has tastat el sucre, encara que et fos oferta en cent diferents tipus de *halva*, reconeixeràs el seu sabor. Aquell que va mossegar una vegada la canya de sucre, si després no reconeix el seu gust, sens dubte té dues banyes!»[597].

Diu Shankara que «la realització de la Veritat s'obté mitjançant el discerniment, mai mitjançant l'acció; ni encara que realitzéssim deu milions d'accions»[598].

El mateix Shankara insisteix en un altre lloc en què a la veritat no hi condueixen més que el desafarrement i el discerniment: «Perseverant en el recte discerniment que permet renunciar a les il·lusions creades per la pròpia ment, l'ésser humà obté inspiració suficient per a què

---

594 DAVY, M.M., *Le désert intérieur,* p. 199.

595 RUMI, *Fihi-ma-Fihi*, p. 158.

596 CASTANEDA, C., *Una realidad aparte*, p. 195..

597 RUMI, *Fihi-ma-Fihi*, p. 153.

598 SHANKARA, *La joya suprema del discernimiento* (nº 11), p. 31.

dins d'ell sorgeixi un profund anhel per aconseguir l'alliberament. Així doncs, un veritable cercador de la llibertat, primer de tot, ha d'enfortir aquests dos aspectes: discerniment i renúncia»[599].

En realitat, la renúncia, el desaferrament, és causa i efecte del discerniment.

El discerniment i l'ajuda del Mestre, la gràcia del Mestre, condueixen a transcendir els embolcalls per arribar al discerniment complet, que acaba dient: «*Neti, neti*», «no això, no això». Quan s'arriba a aquest punt, ja no hi ha més raonament ni anàlisi; només queda el Testimoni, l'Ab-solut Coneixement, l'Atman[600].

Es necessita discerniment per no confondre el que apunta al coneixement amb el coneixement, els símbols amb el simbolitzat. Diuen els mestres zen:

«No és difícil
veure la forma al mirall.
Però no existeix cap mitjà de capturar
la lluna en el corrent d'aigua»[601].

No hi ha sistema per capturar la lluna a l'aigua sense confondre-la amb el corrent d'aigua. L'únic sistema és el «no-sistema» que suposa el fi discerniment.

El discerniment cognoscitiu va indissolublement unit a l'amor. Podria dir-se que el discerniment és una forma apassionada d'amor. Aquest és el sentit de l'afirmació sufí: «És necessària una passió, un desig ardent, per distingir el vi de la copa»[602].

Més explícita, si cap, i molt més bella és aquesta altra expressió del mateix pensament: «L'amor és l'astrolabi dels misteris de Déu»[603].

---

599 *Ibid.* (nº 175), p. 63.

600 *Ibid.* (nº 210), p. 70.

601 DAISHI, Y., *Shodoka: el Canto del inmediato Satori,* p. 68.

602 RUMI, *Fihi-ma-Fihi,* p. 100.

603 RUMI, *El Masnavi,* p. 18.

En resum: El coneixement des del silenci, el coneixement desaferrat, que és un coneixement-Testimoni, és el guia. I aquest coneixement-Testimoni desaferrat i silenciós és passió, amor. Aquest Testimoni-Amor és el guia.

b) Paper de les Escriptures en el coneixement

Diu Shankara: «L'estudi de les Escriptures és inútil si no es té l'experiència pràctica de la Veritat Suprema; i continuen sent igualment inútils una vegada coneguda la Veritat Suprema»[604].

El paper de les Escriptures és molt circumscrit.

Continua el mateix Shankara: «Ningú es cura d'una malaltia pel mer fet de repetir el nom de la medicina, sense prendre-se-la; igualment, sense l'experiència directa d'aquest Poder Suprem ningú pot alliberar-se, per més que repeteixi la paraula Brahman»[605].

Les Escriptures valen quan ajuden a conduir a Això. No tenen un altre valor.

Diu Rumi respecte a la seva obra mestra, el *Mathnawî*.

«No he cantat el *Mathnawî* perquè se'l porti damunt, perquè se'l repeteixi, sinó perquè es posi sota els peus i es voli amb ell. El *Mathnawî* és una escala d'ascensió cap a la Veritat»[606].

I això únicament són totes les Escriptures: una escala que s'utilitza i s'abandona.

Ramana Maharshi resumeix en una frase feliç la funció de les Escriptures en el coneixement: «Tot el *Vedânta* està contingut en dos passatges de la Bíblia: "Jo soc el que soc" i "No temis, jo soc Déu"»[607].

---

604 SHANKARA, *La joya suprema del discernimiento,* (n.º 59), p. 40.

605 *Ibid.* (n.º 62), p. 41.

606 VITRAY-MEYEROVITCH, E., *Rumi et le soufisme*, p. 142.

607 MAHARSHI, R., *L'enseignement de Ramana Maharshi,* p. 291.

Però, sens dubte, és encara més expressiu de la funció de les Escriptures en el coneixement aquest altre text extraordinari, ja citat, d'un mestre zen:

«Arribarà el temps [...] hi haurà un submergir-se en el desconegut amb el crit: "Ah, és això!" Quan profereixis aquest crit, t'hauràs descobert. Descobriràs al mateix temps que tots els ensenyaments dels antics il·lustres, exposades en el *Tripitaka* budista, en les Escriptures Taoistes i en els Clàssics confucians, no són més que comentaris sobre el teu propi crit sobtat: "Ah, és això!"»[608].

c) Paper de la doctrina en el coneixement

Diuen els Mestres que només els mundans se satisfan amb les creences.

Milarepa té aquestes dures paraules per als aferrats a les doctrines: «Aferrar-se al fanatisme sectari i al dogma fa d'un un malvat i un pecador summe»[609].

Radhakrishnan diu que «discuteixen sobre els dogmes els semireligiosos i els irreligiosos, però no els realment religiosos»[610].

Quan, en un símil, a un l'interessa realment contemplar la bellesa, passarà el seu temps discutint sobre la interpretació correcta, ortodoxa de la bellesa? No és l'interès per les interpretacions de la bellesa indici del desinterès per la bellesa mateixa? Quan la bellesa és present, quin interès té la «representació», que és només absència de la immediatesa de la presència? Cal dir el mateix pel que fa a la veritat religiosa. Diu un Mestre sufí que, «si la conducta externa i les creences dels humans fessin sants, no existiria la Terra, sinó tan sols un cel poblat de sants»[611].

---

608 Yü-Mên, en SUZUKI, D.T., Ensayos sobre budismo zen, v. 2, p. 97-98.
609 MILAREPA, Cantos, p. 52.
610 RADHAKRISHNAN, La concepción hindú de la vida, p. 72-73.
611 SHAH, I., *El monasterio mágico*, p. 40.

A més, prendre's massa de debò les doctrines és un parany mortal.

Diu Huang Po: «Per què buscar una doctrina? Tan aviat com tingueu una doctrina, caureu en el pensament dualístic»[612].

I, si un és atrapat en el pensament dualista, no hi ha cap possibilitat d'accedir al coneixement complet.

Quina és, llavors, la utilitat de les paraules, dels termes, dels símbols, de les doctrines?

Un Mestre sufí va respondre: «La paraula és útil, perquè incita a la cerca i no perquè a través d'ella pugui obtenir-se el que es busca. Si fos així, òbviament, no serien necessaris els esforços i la renúncia a si mateix. La paraula és com una cosa que veiem moure's al lluny: correm cap a ella per veure-la, però, a causa del seu moviment, no podem fer-ho. Així és, en el seu aspecte ocult, la paraula: ella t'incita a buscar-ne el sentit, encara que en realitat no puguis veure'l»[613].

A més de la utilitat que acabem d'esmentar —incitar a la cerca—, les paraules tenen altres funcions: «En escoltar el *dharma* ("la paraula", "la doctrina"), els savis es tornen serens, com llacs profunds, tranquils i cristal·lins»[614].

No obstant això, no ha d'oblidar-se mai que la doctrina és una bassa per travessar el riu, no per portar-la damunt. Diu el Buda:

«Oh *bhikkhus*, un home està de viatge. Arriba a una gran extensió d'aigua la riba de la qual és perillosa i espantable, mentre que la riba de davant és segura i sense perill. No hi ha barca amb la qual guanyar l'altra riba, ni pont per passar d'aquesta riba a l'altra. Pensa: "Aquesta extensió d'aigua és vasta i la riba d'aquest costat d'aquí és perillosa i espantable; l'altra riba és segura i sense perill. No hi ha barca amb la qual guanyar l'altra riba i no hi ha pont per a passar d'aquesta riba a l'altra. Serà bo que reuneixi herba, fusta, branques i fulles i que em faci un rai i que, amb l'ajuda d'aquest

612 BLOFELD, J. (comp.), *Enseñanzas zen de Huang Po,* p. 75.

613 RUMÍ, *Fihi-ma-Fihi*, p. 231.

614 DHAMMAPADA (VI, 82), p. 134.

rai, passi segur a l'altra riba, servint-me de les meves mans i dels meus peus." Llavors, aquest home, oh *bhikkhus*, reuneix herba, fusta, branques i fulles i fa una bassa i, amb l'ajuda d'aquest rai, passa segur a l'altra riba servint-se de les seves mans i dels seus peus. Havent fet la travessia i havent aconseguit l'altra riba, pensa: "Aquest rai m'ha estat d'una gran ajuda. Amb l'ajuda d'aquest rai he passat segur a l'altra riba, servint-me de les meves mans i dels meus peus. Serà bo que porti aquest rai sobre el meu cap o sobre la meva esquena allà on vagi." Què pensaríeu, oh *bhikkhus*? Actuant d'aquesta manera, actuaria convenientment pel que fa a la bassa?

» —No, Senyor.

» —Llavors, de quina forma actuaria convenientment respecte al rai? Havent fet la travessia i havent passat a l'altre costat, aquest home pensa: "Aquest rai ha estat una gran ajuda. Amb l'ajuda d'aquest rai he pogut passar segur a l'altra riba, servint-me de les meves mans i dels meus peus. Serà bo que deixi aquest rai en el sòl sobre la riba o que la deixi a les ones i que jo me'n vagi on vulgui." Actuant d'aquesta manera, aquest home actua convenientment en el que concerneix el rai.

»Igualment, oh *bhikkhus*, he ensenyat una doctrina semblant a un rai: està feta per travessar les aigües i no per a portar-la damunt. Vosaltres, oh *bhikkhus*, que compreneu que l'ensenyament és semblant a un rai, hauríeu d'abandonar les coses bones, i encara més les dolentes»[615].

L'adhesió a una doctrina no ha de ser tal que condueixi a menysprear unes altres. Referent a això diu el Buda: «Estar lligat a un punt de vista i menysprear altres punts de vista com a inferiors és el que els savis diuen un "llaç".

»Oh *bhikkhus*, fins i tot aquest punt de vista —el budista—, que és tan pur i tan clar, si us hi lligueu, si l'acaricieu en el vostre interior, si el guardeu com un tresor, si hi esteu lligats, llavors no

---

615 RAHULA, W., *L'enseignement du Bouddha*, p. 31-32.

compreneu que l'ensenyament és semblant a un rai que està fet per travessar les aigües, no per lligar-s'hi»[616].

En aquests textos es posa de manifest la pura funcionalitat de la doctrina i, per tant, la seva magnanimitat i el desaferrament que ha d'acompanyar tot el que no sigui la pura i informulable veritat. També es posa de manifest la magnífica saviesa del Buda.

Els grans cristians no estan lluny d'aquesta saviesa. Per a Gregori de Nissa, «tot concepte relatiu a Déu és un simulacre, una imatge fal·laç, un ídol. Els conceptes que formem segons l'enteniment i l'opinió que ens són naturals, basant-nos en una representació intel·ligible, creen ídols de Déu, en comptes de revelar-nos Déu mateix. No hi ha més que un nom per expressar la naturalesa divina: és la sorpresa que embarga l'ànima quan pensa en Déu»[617].

Joan Damascè recull el pensament de Gregori de Nazianz i diu: «Tot el que diem de Déu en termes positius declara, no la seva naturalesa, sinó el que l'envolta».

El que importa de la doctrina és fins a quin punt pot ajudar a conduir al coneixement. Les interpretacions, encara que siguin doctrines metafísiques, no condueixen al coneixement. Vegem el famós text del Buda referent a això:

«Per conseqüent, Mâlunkyaputta, conserva en el teu esperit el que he explicat com ho he explicat i el que no he explicat com no-explicat. Quines coses són les que no he explicat? Si aquest univers és etern o no ho és, etc., no ho he explicat. Per què, Mâlunkyaputta, no ho he explicat? Perquè això no és útil; perquè això no està fonamentalment lligat a la vida santa i espiritual; perquè això no condueix a l'aversió, al desaferrament, a la cessació, a la tranquil·litat, a la penetració profunda, a la realització completa, al Nirvana. Per això jo no ho he explicat.

»Llavors, Mâlunkyaputta, què he explicat? He explicat dukkha ("el dolor"), el naixement de *dukkha*, la cessació de *dukkha* i el camí

616 *Ibídem.*
617 LOSSKY, V., *Teología mística de la Iglesia de Oriente*, p. 26.

que condueix a la cessació de *dukkha*. Per què, Mâlunkyaputta, he explicat aquestes coses? Perquè és útil; perquè està fonamentalment lligat a la vida santa i espiritual; perquè condueix a l'aversió, al desaferrament, a la cessació, a la tranquil·litat, a la penetració profunda, a la realització completa, al Nirvana. Per això ho he explicat»[618].

Aquesta és, doncs, la limitada funció de les doctrines, de les paraules, dels símbols, dels mites.

En realitat, «mentre l'ésser humà no pugui escoltar el missatge sense paraules i oblidar el missatge verbal, romandrà encadenat»[619].

d) Funció del Mestre en el coneixement

La transmissió s'ha de fer de persona a persona, de Mestre a deixeble. Bodhidharma va dir: «Transmissió particular més enllà dels escrits. No fundar-se en els textos. Revelar directament a cada un el seu esperit original»[620].

«L'ésser humà és un llibre —diu Mawlânâ— en el qual totes les coses estan escrites, però les foscors no li permeten llegir aquesta ciència interior a ell mateix. La missió del Mestre és revelar-li les seves veritables dimensions»[621].

Transmetre la tradició és una cosa realment difícil d'expressar i més encara d'entendre. «Transmetre i rebre la transmissió és un gènere dificilíssim de misteriosa comprensió, de manera que són molt pocs els qui han estat capaços d'aconseguir-la. No obstant això, de fet, la Ment no és la Ment i la transmissió no és realment la transmissió»[622].

---

618 RAHULA, W., *L'enseignement du Bouddha*, p. 35-36.
619 SHAH, I., *Sabiduría de los idiotas*, p. 134.
620 DESHIMARU, T., comentarios a DAISHI, Y., en *La pràctica de la concentración*, p. 7.
621 VITRAY-M EYEROYITCH, E., *Rumi et le soufisme*, p. 160.
622 BLOFELD, J., *Enseñanzas zen de Huang Po*, p. 65-66.

Els Mestres són els que ens precedeixen en el camí; són l'avançada, els exploradors. «Ells —els Mestres, els Profetes— primer van ser a l'altre món, escapant als seus atributs humans, a la carn i a la sang; van contemplar les altures i les profunditats de tots dos mons; van passar per totes les etapes i van aprendre el mode d'avançar pel camí. Després van tornar i van dirigir una crida a la humanitat dient: "Veniu a aquest món original!"»[623].

Mestre és qui ho ha comprovat primer i només qui ho ha comprovat primer. Diu Dionís l'Areopagita:

«...qualsevol que pretengui abusivament ensenyar la santedat abans de practicar-la ell mateix de manera constant, un tal és impiu i totalment estranger a les nostres santes institucions [...] així ha d'evitar-se sempre l'audàcia de mostrar a uns altres les vies de Déu si no ha aconseguit un mateix una deïficació perfecta i durable, si la inspiració i l'elecció divines no ens han cridat a la funció de caps»[624].

El Mestre és el que és capaç de mostrar-nos el que realment som. Nosaltres som com una gota d'aigua, però de la mateixa naturalesa que l'oceà. «La gran massa d'aigua és de la mateixa naturalesa que la petita gota i ambdues comparteixen una mateixa essència»[625].

Sobre la diversitat dels Mestres i dels Profetes: tots ells són com a espelmes diverses que cremen amb el mateix foc. «Els profetes són com espelmes. La llum de Déu és aquesta flama que, si il·lumina les espelmes, els dona el mateix atribut, el mateix aspecte i la mateixa essència.

»Totes les espelmes tenen un sol atribut, però en número són múltiples. Si tu en consideres la forma, la teva visió és doble. Considera la seva llum, perquè és única»[626].

Els Mestres són un compendi de tot el que som.

623 RUMI, *Fihi-ma-Fihi*, p. 198.

624 PSEUDO-DENYS, *Oeuvres Completes,* p. 280

625 RUMI, *Fihi-ma-Fihi*, p. 54.

626 VALAD, s., *Maître et disciple,* p. 152.

«Tots els que són bons i tots els que són dolents formen part del dervix ("Mestre"); el que no és així no és dervix[627].

Els ensenyaments dels grans mestres són simples, terriblement senzills i, en la seva senzillesa i nuesa, dures i difícils d'assimilar:

«La major part dels éssers humans són incapaços d'assimilar els ensenyaments massa nus dels grans mestres. Aquests últims han cridat sempre a un treball de transformació interior molt dur.

»Nombrosos són els que han preferit limitar-se a l'adoració fàcil de la imatge del Mestre. Amb això han oblidat la transformació espiritual que el Mestre els suggeria realitzar»[628].

Els Mestres són Mestres de la indagació lliure. Ells ens conviden a analitzar-ho tot, a provar-ho tot, a indagar-ho tot i a veure-ho tot per nosaltres mateixos. l Buda va donar als seus deixebles aquest consell únic, per l'explícit, en la història de les religions:

«Sí, Kâlâma, és just que dubteu i que estigueu perplexos, perquè el dubte s'aixeca en una qüestió que és dubtosa. Ara, escolteu, Kâlâma, no us guieu per relacions, per la tradició o pel que heu sentit dir. No us deixeu guiar per l'autoritat dels textos religiosos, ni per la simple lògica o la inferència, ni per les aparences, ni pel plaer d'especular sobre opinions, ni per versemblances possibles, ni pel pensament "és el nostre Mestre". Sinó que, Kâlâma, perquè sabeu per vosaltres mateixos que unes certes coses són desfavorables, falses i dolentes, llavors, renuncieu a elles... I quan per vosaltres mateixos sabeu que unes certes coses són favorables i bones, llavors, accepteu-les i seguiu-les».

El Buda va dir als *bhikkhu* que un deixeble hauria d'examinar fins i tot al *Tathagata* mateix, de tal manera que el deixeble pugui estar completament convençut del valor veritable del Mestre al qual segueix[629].

---

627 RUMÍ, *Fihi-ma-Fihi*, p. 103.

628 LINSSEN, R., *Bouddhisme, taoïsme et zen*, p. 229.

629 RAHULA, W., *L'enseignement du Bouddha*, p. 21.

En el camí no cal lligar-se a res, ni al mateix Mestre. El Mestre és un Mestre de llibertat incondicional. El Mestre és la mateixa llibertat, no la subjecció a cap forma, a cap cosa que vingui de fora. No cal buscar cap refugi en una cosa externa o en cap figuració, sinó només en la certesa nua que es genera en un mateix i que el Mestre, des de fora, fa veure fins que es vegi dins el que es va entreveure fora.

«Encara que sorgís un Buda davant vostre, no penseu en ell com si fos "Il·luminat" o estigués "Il·luminat", com si fos "bo" o "dolent". Afanyeu-vos a deslliurar-vos del desig d'aferrar-vos-hi; separeu-vos-en en un obrir i tancar d'ulls. No el subjecteu de cap manera. No intenteu detenir-lo, perquè ni un miler de panys podrien tancar-lo, ni podria ser lligat amb deu mil metres de corda. Sent així, esforceu-vos intrèpidament a bandejar-lo i aniquilar-lo. Ara aclariré amb llum meridiana com heu de procedir per mantenir-vos lliures d'aquest Buda. Considereu la llum del Sol! Tal vegada dieu que és propera; no obstant això, si la seguiu de món a món, mai l'agafareu a les vostres mans. Llavors, tal vegada la qualifiqueu de llunyana; però heus aquí que l'estareu veient davant dels vostres ulls. Seguiu-la, i heus aquí que se us escapa; allunyeu-vos-en, i no deixarà d'atrapar-vos. No podeu posseir-la ni acabar amb ella. D'aquest exemple podeu deduir el que succeeix amb la veritable naturalesa de totes les coses, i d'ara endavant no tindreu necessitat d'afligir-vos ni de preocupar-vos de tals coses»[630].

El gran ensenyament dels Mestres és el silenci. «*Mauna* ("el silenci") és la forma més elevada d'instrucció espiritual»[631]. «*Mauna* és la iniciació millor i la més poderosa»[632].

La tasca més fonamental del Mestre és fer comprendre que el món és només una descripció i que el que cal fer per arribar al coneixement és callar aquesta descripció. «La tasca d'un Mestre és introduir la idea que el món que creiem veure no és més que una imatge, una descripció del món. Cada esforç del Mestre està destinat a provar això

630 BLOFELD, J. (comp.), *Enseñanzas zen de Huang Po*, p. 130.

631 MAHARSHI, R., *L'enseignement de Ramana Maharshi*, p. 381.

632 *Ibid*., p. 372.

a l'aprenent. Però fer que ho accepti és una de les coses més difícils; cadascun de nosaltres està atrapat —i satisfet— en la seva pròpia representació del món; aquesta ens empeny a sentir i actuar com si coneguéssim veritablement alguna cosa del món. Un Mestre, des del primer acte que realitza, apunta a posar fi a aquesta representació. Els bruixots —els Mestres— ho anomenen *interrompre el diàleg interior* i estan convençuts que és la sola tècnica el més important que cal ensenyar a l'aprenent»[633].

Els Mestres ensenyen als humans que la vida és plena de misteri, de goig, d'alegria i d'amor; ens ensenyen a evitar que la vida sigui com una tarda de diumenge, «una tarda no del tot desgraciada, però calorosa, pesada i desagradable. Han suat, s'han cansat. No saben on anar ni què fer. Aquesta tarda no els ha deixat més record que el de petites contrarietats i molt avorriment; després, es va acabar bruscament; ja era de nit»[634].

e) L'ensenyament dels Mestres

No hi ha nom que reveli el Misteri. Diu Dionís l'Areopagita: «En veritat, ni un ni tres ni cap número, ni unitat ni fecunditat, ni cap denominació treta dels éssers ni de nocions accessibles als éssers podria revelar (perquè sobrepassa tota raó i tota intel·ligència) el misteri de la Deïtat sobreessencial, sobreessencialment i totalment transcendent»[635].

Només hi ha una manera de conèixer i fer conèixer: l'oració. Diuen els Pares: «Si ores veritablement, ets teòleg»[636].

Rumi explica la següent història per a il·luminar el paper de l'ensenyament dels Mestres:

---

633 CASTANEDA, C., *Histoires de pouvoir*, p. 225.

634 *Ibid.*, p. 277.

635 PSEUDO-DENYS , *Oeuvres Completes,* p. 175.

636 TEÓFANO EL RECLUSO, *Consejos a los ascetas*, p. 145.

«Una caravana, que recorre una ruta difícil i perillosa en una nit fosca, avança amb temor, amb por al mal que pugui causar-li un enemic. No obstant això, en escoltar el lladruc d'un gos o el cant del gall indicant la proximitat d'un poblat, s'esfuma la seva inquietud. Tots es fiquen al llit i dormen dolçament.

»En la ruta —on no se sentia ni un murmuri—, el temor no els permetia dormir; en el poblat —malgrat els lladrucs i el cant dels galls—, se senten segurs i feliços i dormen indiferents.

»Les nostres paraules provenen d'un lloc afable i segur; des d'aquest lloc parlen els profetes i els sants. Quan l'esperit escolta les paraules dels seus amics, se sent segur i lliure de temor, perquè aquestes paraules li transmeten el perfum de l'esperança i la felicitat. Així, quan algú viatja en la caravana a través de la nit fosca —tement que els lladres poguessin haver-se infiltrat— desitja escoltar la veu dels seus companys de viatge i reconèixer-los per les seves paraules. Es tranquil·litza quan sent les seves veus.

»Digues: "Oh Mohammad!" Recita: "Sent la teva essència subtil, les mirades no t'aconsegueixen més; en parlar, ells perceben que ets l'amic íntim dels seus esperits i se senten segurs i en pau. Llavors parla! De no haver-vos parlat, hauria romàs invisible als vostres ulls, tal com la primesa del meu cos ho testifica"»[637].

La veu dels Mestres anuncia la proximitat i tranquil·litza l'esperit.

L'ensenyament dels Mestres es dona en secret, actua en secret i no vol observadors. «L'ensenyament és com la caritat: s'ha de donar en secret, perquè la seva exhibició pública és dolenta per a qui la dona, per a qui la rep i per a l'observador. L'ensenyament és com una nutrició i els seus efectes no són visibles en el moment en què es proporciona, de manera que no té sentit que hi hagi un observador, excepte del fruit de la nutrició. Al mateix temps, no ha de considerar-se l'ensenyament independentment de les circumstàncies en què s'imparteix. Per tant,

---

637 RUMI, *Fihi-ma-Fihi*, p. 270.

la presència d'observadors altera les circumstàncies i, per conseqüent, també el producte de l'ensenyament»[638].

Quan s'aprèn, no cal aferrar-se a les paraules, diu Milarepa, «no sigui que el foc adormit de les Cinc Passions Verinoses aixequi flama i consumeixi els pensaments i actes virtuosos»[639].

L'ensenyament és fins a tal punt lliure de les paraules i subtil que el Buda va dubtar si havia de predicar una doctrina tan pura als humans, tan atrapats pels desitjos grollers.

«Això que amb bastant treball jo vaig guanyar,
per què haig de fer-ho conèixer
a gents per odi i desig consumides?
No és aquesta la Veritat que puguin comprendre,
contra el corrent del pensament comú,
profunda, subtil, difícil, delicada,
invisible, mentre siguin, de la passió esclaus
coberts per la foscor de la Ignorància!»[640].

Aquesta doctrina extremadament subtil, en realitat és una «no-doctrina». «Si algú diu que el *Tathâgata* té una Doctrina que predicar, fa injúria a Buda, no és capaç de comprendre la seva predicació, oh Subhûti; l'absència de tota Doctrina que es pugui predicar: heus aquí el que s'anomena predicació»[641].

En el mateix sentit afirma el *Prajña-Páramita-Sutra*:

«No tenir cap *Dharma* ("doctrina") sobre el qual discutir: això és discutir sobre el *Dharma*»[642].

638 SHAH, I., *El monasterio mágico,* p. 117.
639 MILAREPA, *Cantos,* p. 91.
640 SUZUKI D.T., *Ensayos sobre budismo zen,* v. 1, p. 131-132.
641 SILBURN, L. (comp.), *Le bouddhisme,* p. 97.
642 SUZUKI, D.T., *Ensayos sobre budismo zen,* v. 1, p. 308.

El que en realitat s'ensenya és la visió, no el raonament o l'argumentació[643].

f) Funció de l'experiència en el camí del coneixement

En el camí cap a la veritat, l'experiència és l'única cosa que compta, no la doctrina.

Un sufí eminent ha dit això: «Qui parla d'una realitat interior que no el concerneix fa l'ase, conforme a la paraula de Déu: com l'ase que porta llibres»[644].

El que pugui significar el terme "Déu" és una cosa que no pot ser apreciat més que per mitjans interiors; no és accessible en els quadres d'una religió formal, sigui la que sigui[645].

643 *Ibid*, v. 3, p. 266.
644 KALABADHI, *Traité de soufisme*, p. 167.
645 SHAH, I., *Les souis et l' esotérisme,* p. 138.

18
Què cal entendre per «religió»

Més que fer un recompte de definicions del que s'entén per «religió», i més que fer un recorregut dels seus trets, resultarà útil reunir unes poques afirmacions dels Mestres sobre el tema.

No és recomanable l'entusiasme religiós; és millor la mansa benevolència al costat de la serenitat i l'equanimitat internes. La tradició budista aconsella encaridament que els deixebles no es deixin pertorbar per cap emoció, per excel·lent que sembli. «En tendir al personal, l'emoció impedeix l'examen fred i desapassionat de les lleis i principis que condueixen a la il·luminació. El pensament pur és sempre impersonal, mentre que l'emoció, vinculada amb el desig i, per tant, inevitablement personal, introdueix factors que enterboleixen les idees i fan molt més difícil la seva anàlisi serena»[646].

Hi ha una emoció impersonal que acompanya la benevolència incondicional i la serenitat, l'equanimitat i la lucidesa, i que transcendeix el jo.

La mateixa tradició budista adverteix que cal anar amb compte de no quedar intoxicat per la religió. Diu Deshimaru: «Aneu amb compte amb la religió!... no cal intoxicar-se. No cal buscar l'esoterisme. *Zazen* ("la meditació") permet la tornada a les condicions normals. Un religiós veritable no ha de vendre alcohol esotèric, alcohol extàtic, alcohol misteriós als seus creients»[647].

L'essència de la religió no es troba en les mortificacions, ni en l'ascetisme, ni en la devoció o en els preceptes[648].

---

646 HUMPHREYS, C., *Concentración y meditación*, p. 116.
647 DESHIMARU, T., *La práctica de la concentración*, p. 175.
648 DESHIMARU, T., comentarios a DAISHI, Y. en *La práctica de la concentración*, p. 249.

Tampoc està la religió en l'adhesió a una doctrina, a una tradició, amb menyspreu de les altres. Cal allunyar-se de la tendència natural dels grups humans que fa que cadascun dels diferents grups negui els altres: «"Nosaltres tenim raó; la nostra inspiració és veritable, la d'aquells és falsa." I l'altre grup afirma el mateix. Així, setanta-dues sectes es neguen les unes a les altres», diu Rumi, «o es jutgen, recíprocament, mancades de la il·luminació. En veritat, elles coincideixen pel que fa a la falta d'il·luminació, la qual cosa significa que algú la posseeix, en la qual cosa també concorden»[649].

La veritable religió estima primer la veritat; després, les sectes, les tradicions particulars... Primer és la veritat, després el grup particular; la resta és egoisme.

Les religions han de ser necessàriament diverses, sense que això afecti la seva veritat interna, perquè «les religions reflecteixen el punt de vista de qui cerca»[650].

Diu Ibn l'Arabí: «Si coneguéssiu la dita de Junaid que l'aigua adopta el color del got de cristall que la conté, no ofendríeu les creences alienes i percebríeu Déu en totes les formes i en totes les religions»[651].

Diu un hadit: «Jo soc allí on es troben els pensaments del meu servidor. Cada criatura té una imatge de Mi, i és allí on Jo em trobo. Purifiqueu, oh les meves criatures, la vostra imaginació, que és el meu estatge i la meva residència»[652].

Els noms sagrats, divins, de les religions «revelen la Provisió divina, no expressen la Bondat en si, en la seva sobreessencialitat, d'aquesta Deïtat que està més enllà de tota bondat, de tota divinitat, de tota essència, de tota saviesa, de tota vida, i que s'assenta, com diuen les Escriptures, en llocs ocults»[653].

---

649 RUMI, *Fihi-ma-Fihi*, p. 153.
650 MAHARSHI, R., *L'enseignement de Ramana Maharshi*, p. 119.
651 GURAIEB, J.E., *op. cit.*, p. 92.
652 RUMI, *Fihi-ma-Fihi*, p. 70.
653 PSEUDO-DENYS, *Oeuvres Completes*, p. 127..

«La veritable religió no és per als morts. La veritable religió és vivent i va dirigida als vius. Només l'"aquí i ara" és important»[654].

Rumi fa aquesta estupenda afirmació: «Sí, l'assumpte de la religió és només perplexitat»[655].

«La visió constitueix la ciència de la religió; el coneixement constitueix la ciència dels cossos. L'essencial és, llavors, el veure-hi i la visió»[656].

Dit d'una altra manera: «Tota religió és construïda sobre el fonament de l'experiència religiosa, sense la qual s'esfondra tota la seva superestructura metafísica o teològica»[657].

Totes les controvèrsies religioses se centren en la interpretació de l'experiència, no en l'experiència mateixa. «De manera que el com interpretar l'experiència es converteix sovint en causa d'una molt irreligiosa persecució o guerra molt sagnant»[658].

La religió és l'aprenentatge de la llibertat, i una llibertat que no coneix límits[659].

Els sistemes de representació de les religions i els seus ritus s'empren per impregnar-se de la tradició, per estar segurs de no perdre el camí, però no han de ser mai causa d'exclusió, menyspreu o persecució mútua. Els símbols, mites i ritus són al·legories. «Això és el que s'anomena el credo dels *"humans de cor, de les gents girades cap a l'interior"*»[660].

---

654 DESHIMARU, T., comentarios a DAISHI, Y., en *La pràctica de la concentración*, p. 164.

655 RUMI, *El Masnavi*, p. 22.

656 RUMI, *Fihi-ma-Fihi*, p. 270.

657 SUZUKI, D.T., *Ensayos sobre budismo zen*, v. 2, p. 192.

658 *Ibid.*, p. 194.

659 BAYLE DE JESSÉ, B., *Houa-T'eou*, p. 96.

660 SHAH, I., *Les souis et l' esotérisme*, p. 232

Diu Ibn a l'Arabí: «No t'aferris exclusivament a cap religió, de manera que deixis de creure en les altres; perdràs no poc bé; més encara, no encertaràs a reconèixer la veritable veritat.

»Déu, l'omnipresent i l'omnipotent, no està tancat en cap credo ni religió, perquè diu (*Alcorà*, 2, 119): "Onsevulla que us gireu, allí està la cara de Déu". Cadascú resa el que creu; el seu Déu és la faiçó de si mateix i, en resar, s'ora a si mateix. Per això anatematitza les creences dels altres, la qual cosa no faria si fos just, perquè el desgrat cap a la religió aliena es basa en la ignorància»[661].

«Les religions poden ser estudiades com a fenòmens històrics o com a sistemes dogmàtics en teologia; es pot fins i tot, simplement, tolerar-les per raons humanitàries. Tolerar una altra religió significa que se la creu falsa, però que s'accepta la seva presència, el mateix que es tolera el sofriment quan no se'n pot escapar. Per comprendre en profunditat una altra religió ortodoxa, no n'hi ha prou amb analitzar les seves manifestacions històriques o fins i tot les seves formulacions teològiques, i tolerar-les. Cal, més aviat, arribar, encara que no sigui més que per una anticipació intel·lectual, a les veritats interiors, d'on brollen totes les manifestacions exteriors d'una tradició; és a dir, cal passar del fenomen d'una religió al seu noümen, de les formes a l'essència, on resideix la veritat de totes les religions i des d'on únicament és possible comprendre i acceptar veritablement una religió donada»[662]. Aquest magnífic paràgraf es deu a Seyyed Hossein Nasr.

És famosa per la seva bellesa i profunditat l'afirmació d'Al-Hallaj:

«He reflexionat sobre les denominacions confessionals, fent esforços per comprendre-les, i les considero com un Principi únic amb nombroses ramificacions. No li demano a ningú que adopti tal denominació confessional, perquè això l'apartaria del Principi fonamental, i, en veritat, és aquest mateix principi el que ha d'anar

---

661 Ibn al'Arabi en, NICHOLSON, R.A., *Los místicos del Islam*, p. 99-100.

662 NASR, S.H., *Essais sur le soufisme,* p. 47-48.

a buscar-lo a Ell, en qui es dilucinen totes les grandeses i tots els significats. De ser així, l'humà comprendrà»[663].

«La veritable religió difereix per a cada persona, de la mateixa manera que difereixen les cares, les personalitats: cadascun comprèn de manera diferent la mateixa veritat»[664].

Però és que, a més, la veritable religió no es tanca en una religió, en una secta, en un sistema[665]. Malgrat la pluralitat de tradicions religioses, de la diversitat en cada individu dels camins religiosos, la veritable religió és una que transcendeix tot sistema, tota tradició, tot individu i tota secta.

No sols les diferències entre les religions han de ser transcendides; també les diferències entre creença i increença. Diu Abu Sa'aneu ibn Abi'al Khayr: «La nostra santa obra no s'haurà conclòs fins que jeguin en ruïnes totes les mesquites que s'aixequen sota el sol. El veritable musulmà no es manifestarà fins que siguin una sola cosa la fe i la infidelitat»[666].

La tradició hindú ha estat un model de tolerància. Va partir d'un avantatge sobre la tradició cristiana, perquè era «conscient de la relativitat essencial de tot mite religiós, en tant que el cristianisme tendeix a absolutitzar-los com a veritat última»[667].

Els hindús van conèixer aviat que els déus són formes creades pels humans. Ho diuen bellament en aquesta pregària: «Tu, que prens les formes imaginades pels teus adoradors...»[668].

En la tradició hindú, «l'intel·lecte se subordina a la intuïció, el dogma a l'experiència, l'expressió externa a la consciència interna.

663 HALLAJ, Diwán (ML), p. 97.
664 DESHIMARU, T., comentarios a DAISHI, Y., en *La pràctica de la concentración*, p. 183.
665 *Ibídem.*
666 NICHOLSON, R.A., *Los místicos del Islam,* p. 101-102.
667 DAVY, M.M., *Le désert intérieur,* p. 166.
668 COOMARASWAMY, *op. cit.*, p. 178.

La religió no consisteix en una acceptació d'abstraccions acadèmiques o en la celebració de cerimònies, sinó en una forma de vida o d'experiència. És una percepció de la naturalesa de la realitat. Aquesta experiència no és un sotrac emocional o una fantasia subjectiva, sinó la resposta de tota la personalitat, la integració de l'ésser en la realitat central. La religió és una actitud específica de l'ésser, de l'ésser en si, i de res fora d'ell, encara que sol anar barrejada amb visions intel·lectuals, formes estètiques i enjudiciaments morals»[669]. Aquestes són paraules de Radhakrishnan.

En la crisi religiosa d'Occident, diu H. Le Saux que «els elements més essencials de la fe perden el seu sabor de veritat. La formulació dels dogmes de la Trinitat i de l'Encarnació mateixos no són capaços de parlar a l'ànima. És absolutament necessari que l'ànima perdi el Déu-tri i el Déu-home, de la seva concepció, per a deixar-se empassar per l'abisme de l'Ésser, de la incontestable Deïtat, que irresistiblement l'atreu»[670].

En aquest despertar del misteri podrem fer peu de nou en l'experiència. Perquè «el cristianisme, el veritable, el de l'Evangeli, no està en joc. Podem estar segurs de la seva perennitat. El sentiment religiós no serà mai totalment abolit en l'humà, en el sentit del terme religare. Són només les institucions i les formes religioses les que es troben afectades. Està també el problema dels intermediaris, és a dir, dels sacerdots»[671].

---

669 RADHAKRISHNAN, *op. cit.*, p. 15-16.
670 DAVY, M.M., *Le désert intérieur*, p. 159-160.
671 *Ibíd.*, p. 63.

19

La moralitat com a camí
vers el coneixement complet

La moralitat ha de ser una indagació, si ha de conduir al coneixement.

«Tothom considera bell el bell:
en això resideix la seva lletjor.
Tothom considera el bé com el bé:
en això resideix el seu mal» (Lao-Tse)[672].

La moralitat, que és indagació, és llibertat. «Lligar-se al peu de la lletra als preceptes és egoisme o por»[673].

Ni l'ascetisme ni els preceptes són bons conductors de la moralitat; la benevolència incondicional és la guia de la moralitat que condueix al coneixement.

«Perquè, senyor Gotama, el coneixement és purificat per la disciplina moral; la disciplina moral és purificada pel coneixement. Quan hi ha disciplina moral, llavors hi ha coneixement; quan hi ha coneixement, llavors hi ha disciplina moral. El coneixement és de qui està dotat de disciplina moral; la disciplina moral és de qui està dotat de coneixement. Es diu que la disciplina moral i el coneixement són el millor en aquest món. Així com, senyor Gotama, amb la mà es renta la mà o amb el peu es renta el peu, de la mateixa manera, senyor Gotama, el coneixement és purificat amb la disciplina moral; la disciplina moral és purificada amb el coneixement. Quan hi ha coneixement, llavors hi ha disciplina

---

672 DESHIMARU, T., *La pràctica de la concentración*, p. 186.
673 DAISHI, Y., *Shodoka: el Canto del inmediato Satori*, p. 145.

moral; quan hi ha disciplina moral, llavors hi ha coneixement. El coneixement és de qui està dotat de disciplina moral; la disciplina moral és de qui està dotat de coneixement. Es diu que la disciplina moral i el coneixement són el millor en aquest món»[674].

Si el nostre esperit se separa de Déu, és a dir, si deixa de fer peu en el que transcendeix el jo com a estructura d'apetències, el poder de lliure arbitri ens és llevat.

«Llavors, en efecte, l'ésser humà no podrà ja dominar les seves inclinacions, ni les necessitats del seu cos, ni els contactes exteriors»[675].

674 DÎGHA NIKAYA, p. 310-311.
675 TEÓFANO EL RECLUSO, *Consejos a los ascetas,* p. 56.

20
La pregària

Diu Evagri Pòntic que la pregària és el preludi del coneixement[676]. I no hi ha pregària sense coneixement: «Sapigueu que el Profeta —la pau sigui amb Ell!— ha dit: "El coneixement és el meu secret". L'Enviat de Déu ha dit també: "La pregària no és vàlida més que amb el coneixement"»[677].

És impossible el coneixement sense la pau de la ment. I diu Marc l'Ermità que és impossible pacificar l'intel·lecte sense el concurs del cos, i que és impossible fer caure el mur que els separa sense la pau i la pregària[678].

Isaac de Nínive afirmava que el silenci de qui viu en la igualtat d'ànim és una pregària[679]. I sabem que el silenci és coneixement.

La pregària que condueix al coneixement és la pregària que és fruit del goig i del reconeixement, la que és exclusió de la tristesa i del desánim[680]. Si hi ha veritablement pregària, hi ha coneixement. Perquè hi hagi coneixement, al revés, ha d'haver-hi pregària. Per això els Pares deien: «Si pregues veritablement, ets teòleg»[681].

676 FILOCALIA, p. 26.

677 VITRAY-MEYEROVITCH, E., *Anthologie du soufisme*, p. 74.

678 FILOCALIA, p. 49.

679 *Ibid.*, p. 59.

680 MEYENDORFF, J., *Saint Grégoire Palamas et la mystique ortodoxe*, p. 20.

681 TEÓFANO EL RECLUSO, *Consejos a los ascetas*, p. 145.

Epíleg

L'espècie humana és una espècie de vivents cognoscitiva. I dir que els humans som vivents cognoscitius és més que dir que som animals racionals.

Tot el nostre ésser és cognoscitiu. Som perceptors des de la planta del peu fins al capdamunt del cap. Percebem, coneixem les realitats amb un sentir que és lucidesa i avaluació.

Coneixem tot construint el nostre medi, les nostres relacions i la nostra pròpia subjectivitat, però som també testimonis imparcials del que hi ha.

Des d'aquesta perspectiva, què ens ofereixen les tradicions religioses i de saviesa de la humanitat?

L'oferta de les tradicions de saviesa és una oferta de coneixement. El que ofereixen no és un programa de vida ni, menys, un consol o una solució per a la mort. El que ofereixen és la possibilitat d'un altre nivell de coneixement d'això mateix d'aquí que ens envolta i un altre coneixement de nosaltres mateixos.

Referències bibliogràfiques

ANCELET-HUSTACHE, Jeanne, *Maître Eckhart et la mystique rhénane*, Ed. du Seuil, Paris 1978. 192 pp.

ARABI, Ibn, *Le livre de l' extinction dans la contemplation,* Ed. l'Oeuvre, París 1984. 56 pp.

ASAD, Muhammad, *Le chemin de La Mecque*, Ed. Fayard, París 1971. 362 pp.

ASÍN PALACIOS, Miguel, *El Islam cristianizado*, Ed. Hiperión, Madrid 1981.

ATA ALLAH, Ibn, *Traité sur le nom Allâh*, Ed. Les Deux Océans, Paris 1981. 332 pp.

ATTAR, Farid-ud-Din, *El lenguaje de los pájaros*, Visión Libros, Barcelona 1978. 306 pp.

-*Le livre divin*, Ed. Albin-Michel, París 1961. 478 pp.

-*Le mémorial des saints*, Ed. du Seuil, París 1976. 314 pp.

BAYLE DE JESSÉ, Bruno, *Houa-t'eou: initiation aux bouddhismes Tch'an et T'ien-T'ai,* Ed. de la Maisnie, París 1985. 218 pp.

BHAGAVAD GÎTA, *o El canto del bienaventurado*, Ed. Aguilar, Madrid 1978.

BLOFELD, John (comp.), *Enseñanzas zen de Huang Po,* Ed. Diana, México 1976. 168 pp.

BOISARD, Marcel A., *L' humanisme de l'Islam*, Ed. Albín Michel, Paris 1979. 438 pp.

BRIANTCHANINOV, *Ignace, Les miettes dufestin,* Ed. Présence, St. Vincent sur Jabron, 1979. 342 pp.

CASTANEDA, Carlos, *Una realidad aparte*, Ed. FCE, México 1974. 302 pp.

-*Viaje a Ixtlán*, Ed. FCE, México 1982. 368 pp.

-*Las enseñanzas de Don Juan*, Ed. FCE, México 1977. 302 pp.

-*El don del Águila*, Ed. Eyras, Madrid 1982. 294 pp.

-*El segundo anillo de poder*, Ed. Pomaire, Barcelona 1979. 320 pp.

-*Histoires de pouvoir*, Ed. Gallimard, Paris 1974. 279 pp.

-*El fuego interno*, Edivisión, México 1984. 352 pp.

COOMARASW AMY, Ananda K., *Buddha y el evangelio del budismo*, Ed. Paidós, Buenos Aires 1969. 235 pp.

CORÁN, El (ed. J. Vemet), Plaza & Janés, Barcelona 1980.592 pp.

CORBIN, Henry, *En Islam iranien*, Ed. Gallimard, Paris 1971- 72 (4 vols.)

-*Histoire de la philosophie islamique*, Ed. Gallimard, Paris 1964. 384 pp.

DAISHI, Yoka, *Shodoka: el Canto del inmediato Satori*, Visión Libros, Barcelona 1981. 278 pp.

DAVID-NEEL, Alexandra, *Iniciaciones e iniciados del Tíbet*, Ed. La Pléyade, Buenos Aires 1972. 226 pp.

DAVY, Marie-Madeleine, *Le désert intérieur*, Ed. Albin Mi¬chel, Paris 1983. 226 pp.

DESHIMARU, Taisen, *La práctica de la concentración*, Ed. Teorema, Barcelona 1982. 298 pp.

DHAMMAPADA: *el camino del dharma*, Ed. Sudamericana, Buenos Aires 1967. 248 pp.

DÎGHA NIKÂYA: *diálogos mayores de Buda*, Ed. Monte Ávila, Caracas 1977. 410 pp.

ECKHART, Meister, Obras escogidas, Visión Libros, Barcelona 1988. 270 pp.

ELIADE, Mircea, *Patanjali et le Yoga*, Ed. du Seuil, Paris 1962. 188 pp.

EVANS-WENTZ, W.Y. (ed.), *El libro tibetano de la gran liberación*, Ed. Kier, Buenos Aires 1977, 334 pp.

EVOLA, Julius, *Le yoga tantrique: sa métaphysique, ses pratiques*, Ed. Fayard, Paris 1975. 320 pp.

FILOCALIA: *la pregaria del cor*, Ed. Claret, Barcelona 1979, 192 pp.

GUÉNON, René, *L'homme et son devenir selon le Vêdânta*, Ed. Traditionnelles, Paris 1982. 214 pp.

GURAIEB, José, *El sufismo en el cristianismo y el Islam*, Ed . Kier, Buenos Aires 1976. 352 pp.

HALLAJ, Husayn Mansur, *Diwân*, Ed. des Cahiers du Sud, Paris 1955. 160 pp.

AKHBAR AL-H ALLAJ, Lib. J. Vrien, Paris 1975. 214 pp.

HERBERT, Jean, *Réflexions sur la Bhagavad-Gîtâ vue dans son contexte*, Devy Livres, Paris 1976. 126 pp.

HUMPHREYS, Christmas, *Une approche occidentale du zen*, Ed. Payot, Paris 1977, 232 pp.

-*Concentración y meditación*, Ed. Martínez Roca, Barcelona 1985. 194 pp.

-*La sabiduría del budismo*, Ed. Kier, Buenos Aires 1977. 320 pp.

JAIKUS inmortales (ed. de A. Cabezas García), Ed. Hiperión, Madrid 1983. 184 pp.

JOURDAN, Michel, *Notes de ma grange, des montagnes et des bois*, Ed. Stock, Paris 1980. 252 pp.

JUAN DE LA CRUZ, *Obras completas,* Ed. Espiritualidad, Madrid 1957. 1.206 pp.

KALÂBÂDHI, *Traité de soufisme ,* Ed. Sindbad, Paris 1981. 22 pp.

LINSSEN, Robert, *Bouddhisme, taoïsme et zen,* Le Courrier du Livre, Paris 1972. 366 pp.

LORY, Pierre, *Commentaires ésotériques du Couran d'apres Abd ar-Razzâq al-Qâshânf,* Ed. Les deux Océans, Paris 1980. 172 pp.

LOSSKY, Vladimir, *Teología mística de la Iglesia de Oriente,* Ed. Herder, Barcelona 1982. 208 pp.

MAHARSHI, Ramana, *L' enseignement de Ramana Maharshi* Ed. Albin Michel, Paris 1972. 602 pp.

MARTIN-DUBOST, Paul, *Çankara et le Vedânta*, Ed. du Seuil, Paris 1973. 190 pp.

MEYENDORFF, Jean, *Saint Grégoire Palamas et la mystique ortodoxe*, Ed. du Seuil, Paris 1976. 188 pp.

MILAREPA, *Cantos*, Ed. Yug, México 1981. 206 pp.

NASR, Seyed Hossein, *Essais sur le soufisme*, Ed. Albin Michel, Paris 1980. 248 pp.

-*Islam: perspectives et réalités*, Ed . Ruchet / Castel, Paris 1975. 234 pp.

NICHOLSON, Reynold Alleyne, *Los místicos del Islam*, Ed.Diana, México 1975. 156 pp.

PAREJA, Félix M., *La religiosidad musulmana*, Ed. Católica , Madrid 1975. 488 pp.

PATAÑJALI, *Los yogasutras de Patañjali*, Ed. Barral, Barcelona 1973. 252 pp.

PSEUDO-DENYS L'ARÉOPAGITE, *Oeuvres Completes,* Ed. Aubier-Montaigne, Paris 1980. 406 pp.

RADHAKRISHNAN, Sarvepali, *La concepción hindú de la vida*, Alianza Ed., Madrid 1969. 178 pp.

RAHULA, Walpola, *L' enseignement du Bouddha d' apres les textes les plus anciens*, Ed . du Seuil, Paris 1961. 200 pp.

RUMÍ, Djlal-on-Dîn, *Fihi-ma-Fihi,* Ed. del Peregrino, Rosario 1981, 284 pp.

-*El Masnavi*, Visión Libros, Barcelona 1984. 386 pp.

-*Odes mystiques*, Ecl. Klincksieck, Paris 1973. 326 pp.

SAILLEY, Robert, *Le bouddhisme «tantrique» indo-tibétain*, Ed. Présence, Saint Vincent sur Jabran 1980. 240 pp.

SHAH, ldries, *El monasterio mágico: filosofía antológica del Medio Oriente y Asia Central*, Ed. Paidós, Barcelona 1982. 138 pp.

-*Sabiduría de los idiotas*, Ed. Fototipográfica, México 1976. 142 pp.

-*Les soufis et l'ésotérisme*, Ecl. Payot, Paris 1972. 342 pp.

SHANKARA, *La joya suprema del discernimiento,* Visión Libros, Barcelona 1982. 164 pp.

SHANKARACHÂRYA, *Hymnes et cantiques vedantiques*, Ed. Michel Allard, Paris 1982. 164 pp.

SILBURN, Lilian (comp.), *Le bouddhisme*, Ed. Fayard, Paris 1977. 524 pp .

SUZUKI, D.T., *Ensayos sobre budismo zen*, Ed. Kier, Buenos Aires 1975-76 (3 vols .).

-*Essais sur le bouddhisme zen*, Ed. Albin Michel, 1972 (vol. III).

-*Introducción al budismo zen*, Ed. Mensajero, Bilbao 1979. 200 pp.

-*Le non-mental selon la pensée zen*, Le Courrier du Livre, Paris 1978. 218 pp.

TEÓFANO EL RECLUSO, *Consejos a los ascetas*, Ed . Lumen, Buenos Aires 1979. 158 pp.

TULSIDAS, *El Ramayana*, Visión Libros, Barcelona 1981. 628 pp.

UDÂNA, la palabra del Buda, Ed. Barral, Barcelona 1972. 262 pp.

VALAD, Sultân, *Maître et disciple*, Ed. Sindbad, Paris 1982. 190 pp.

VALMIKI, *El mundo está en el alma*, Ed. Taurus, Madrid 1982. 132 pp.

VITRAY-MEYEROVITCH, Eva de, *Anthologie du soufisme*, Ed. Sindbad, Paris 1978. 364 pp.

-*Mystique et poésie en Islam*, Ed. Desclée de Brouwer, Paris 1972. 314 pp.

-*Rumi et le soufisme*, Ed. du Seuil, Paris 1977. 192 pp.

VYASA, *El Mahabharata*, Visión Libros, Barcelona 1984 (2 vols.).

WALDBERG, Michel, *Los bosques del zen*, Ed. Espasa-Calpe, Madrid 1978. 224 pp.

ZAEHNER, R.C., *L'hindouisme,* Ed. Desclée de Brouwer, Paris 1974. 222 pp.

ALTRES OBRES DE MARIÀ CORBÍ
La majoria es poden descarregar gratuïtament a
https://www.bubok.es/autores/MCorbiQuinonero

La construcción de los proyectos axiológicos colectivos. Principios de epistemología axiológica. Madrid, Bubok, 2013. 331 p.

La sabiduría de nuestros antepasados para sociedades en tránsito. Principios de Epistemología Axiológica 2. Madrid, Bubok, 2013. 318 p.

Protocolos para la construcción de organizaciones creativas y de innovación. Princios de Epistemología Axiológica 3. Madrid, Bubok, 2015. 245 p.

El cultivo colectivo de la cualidad humana profunda en las sociedades de conocimiento globalizadas. Principios de Epistemología Axiológica 4. Madrid, Bubok, 2015. 319 p.

Las sociedades de conocimiento y la calidad de vida. Principios de Epistemología Axiológica 5. Madrid.Bubok. 2017. 257 p.

Proyectos colectivos para sociedades dinámicas Principios de epistemología axiológica. Barcelona.Herder: 2020 625 p.

El gran olvido: la gratuidad del vivir. Principios de Epistemología Axiológica 6. Madrid., Bubok, 2020. 396 p.

El sentir hondo de la vida. Principios de epistemología axiológica 7. Madrid., Bubok, 2022. 308 p.

La mente y la cualidad humana. Principios de epistemología axiológica 8. Madrid. Bubok, 2022. 345 p.

Las figuras de la dimensión absoluta. Principios de epistemología axiológica 9. Madrid. Bubok, 2023. 299 p.

El colapso de los proyectos de vida colectivos. Principios de Epistemología Axiológica 10. Madrid. Bubok. 211p.